그림책으로 배우는 삶과 죽음

일러두기

- 외래어는 국립국어원의 외래어 표기법을 기본으로 삼되 그림책 작가명 등은 해당 단행본 표기를 표기를 따랐습니다.
- 책 제목은 『 』, 곡명은 「 」, 그림, 영상물은 < >, 독서 관련 프로그램이나 단체명은 ' '로 표기했습니다.
- 본문에 언급된 책의 서지 정보는 222쪽에 표기했습니다. 책이 개정 발행된 경우, 현재 유통 중인 도서의 발행일을 표기했습니다.

그림책
학교 7

그림책으로 배우는
삶과 죽음

임경희 지음

죽음을 이해하며 삶을 통찰하는 그림책 읽기

여는 글

그림책으로 삶과 죽음을
통찰해 보세요

시가 죽음에 관해 물었습니다. 이문재 시인의 「어제 죽었다면」이라는 시인데요. '내일 죽게 된다면?'이라는 질문을 '어제 죽었다면?'으로 바꿔 묻는 게 어떠냐고 합니다. 좋은 제안입니다. 그런데 아무도 죽음을 경험해 보지 않았으니 그 질문에 어떻게 대답할 수 있을까요? 내가 어제 죽었다면 살아 있는 오늘은 도대체 뭐라고 할 수 있을까요? 네, 덤입니다. 어제 죽어 봤으니 덤으로 받은 삶, 최선을 다해 살아 보고 싶을 겁니다.

   이 시에서는 삶의 의미를 묻기 위해 죽음을 어제 일로 두었지만 사실 죽음은 우리의 오늘, 내일과 아주 가까운 존재입니다. 우리 의지와 상관없이 삶 어딘가에서는 마침표를 찍어야 하지요. 하지만 우리는 언제 올지 모를 죽음을 삶의 뒷방에 가둔 채 입에 올리는 일을 그저 꺼려합니다. 준비되지 않은 채 맞는 죽음은 떠나는 사람에게도, 남겨질 사람에게도 통과하기 어려운 터널입니다.

 30년 넘는 교직 생활도 죽음과 맞닿아 있었던 시간이라 할 수 있습니다. 제자를 떠나보내기도 했고 제자가 가족을 떠나보내는 것도 지켜봐야 했습니다. 학교는 삶에 관해 많은 것을 교육하려고 애썼지만 삶의 종착지인 죽음은 가르치지 않았습니다. 아이들이 상실을 통과해 나가는 것을 제때 돕지 못했던 저는 책으로 죽음에 관해 이야기해야겠다고 생각했습니다. 당시 아이들과 함께 책 읽는 시간을 꾸준히 마련했는데, 그 시간에 종종 죽음을 주제로 한 그림책을 읽었습니다. 저에게는 '죽음교육'이었지만 아이들에게는 이 시간에 관해 따로 이름 붙이지 않았습니다. 그저 그림책을 함께 읽고, 아이들 스스로 질문을 만들고, 토론한 것을 글로 써 보도록 도왔습니다.

 죽음교육을 할 때는 아이들을 가르치려 하지 않기로 스스로 약속했습니다. 교사가 할 일은 저마다의 이야기가 다시 서로를 자극하도록 좋은 질문을 준비하는 것이었습니다. 나중에는 제가 만든 질문이 아이들이 직접 만든 질문을 따라가지 못했습니다. 자신이 만든 질문지를 들고 교실 아무 데나 서서 1:1로 토론하는 아이들이 멋졌습니다. 서로에게 배움이 일면서 사유를 넓히고 성찰로 이끈 시간이었다고 생각합니다.

 그렇게 보낸 시간은 저를 죽음에 관한 진지한 태도로 이끌었습니다. 그림책 감정 코칭, 애도 상담, 사전연명의료의향서 상담, 죽음준비교육 등으로 삶의 마지막을 어떻게 보내야 하는지 조금이나마 천착할 수 있었습니다. 학교 밖에서도 그림책으로 죽음을 이야기했습니다. 노숙인 인문대학, 상조 회사, 호스피스 관련 기관, 교사와 의료진 연수에서 죽음에 관한 여러 통찰과 삶의 이야기를 만날 수 있었습니다.

그 시간을 통해 한 가지 깨달은 점이 있다면 우리가 죽음을 이야기하길 꺼리지 않아야 한다는 사실입니다. 죽음을 통해 우리는 삶을 돌아볼 수 있습니다. 죽음이 무엇이라고 생각하는지 나름대로 정의를 내리다 보면 어떤 삶이 의미 있는 삶인지 동시에 생각해 볼 수 있습니다. 주위 사람들에게 어떻게 기억되고 싶은지, 장례는 어떻게 치르길 바라는지 등 죽음을 '준비'하는 이야기는 삶을 재정립하도록 도와 줍니다. 상실을 겪는 사람들의 추모와 애도 과정에 함께하는 자세는 타자와 필연적으로 연결되어 있는 우리가 꼭 염두에 두어야 할 이야기이기도 합니다.

이 책은 아이도 어른도 모두 부담 없이 읽을 수 있는 그림책으로 죽음을 이해하며 학교에서, 학교 밖에서 함께 나눈 이야기를 담은 기록입니다. 1장에서는 그림책이라는 친절한 매체를 통해 죽음이 무엇인지 들여다봅니다. 죽음이라는 추상적인 개념이 우리 인생에서 어떤 의미를 지니는지 정의해 보고 우리 삶

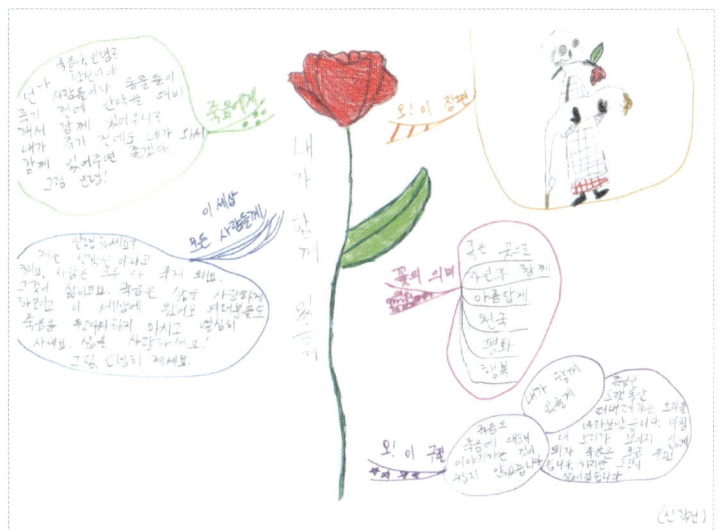

『내가 함께 있을게』를 읽은 아이가 만든 마인드맵. "죽음은 삶을 사랑하게 하려고 이 세상에 왔어요."라는 감상이 적혀 있습니다. 죽음교육은 창의적 체험활동이나 독서 시간, 교과 주제와 맞닿을 수 있는 시간에 주로 진행했습니다.

은 왜 유한한지, 왜 우리는 죽음을 두려워하는지 등을 생각해 봅니다.

 2장은 '죽음의 영역'에 관련된 이야기입니다. 곧 먼 여행을 떠날 사람이 성숙한 태도로 삶의 마지막을 다듬어 나가는 모습, 죽음준비교육에서 중요한 의제인 '임종 장소'에 관한 이슈를 담았습니다. 산 사람들이 궁금해하는 사후세계에 관한 이야기와 만질 수 없는 존재인 '영혼'에 관련한 이야기도 나눠 봅니다. 특히, 임종 장소에 관해 생각해 보는 편 「어디에서 죽음을 맞이하고 싶나요?」는 첨예한 이슈인 '안락사'에 관해 자기만의 시각을 정립하는 데 도움될 거라고 생각합니다. 사전연명의료에 관한 의사만 밝힐 수 있는 우리나라에서 안락사는 매우 조심스러운 이슈입니다. 그렇지만 우리 사회가 죽음에 관한 개인의 의사를 어디까지 존중해야 하는지 나만의 견해를 만들어 보길 권합니다. 자기 삶을 둘러싼 이슈에 의견을 가진다는 것은 주체성의 저변을 넓히는 일일 테니까요.

3장은 남겨진 사람들이 상실감을 안고 어떻게 삶을 지속해 나가는지 이야기합니다. 추모, 애도, 회복의 과정을 생각해 보는 장입니다. 산 사람의 의식인 장례식의 의미, 죽음 분야의 권위자인 '엘리자베스 퀴블러 로스'의 이론을 빌려 누군가를 상실한 사람이 우울과 슬픔에서 걸어 나오는 과정을 들여다봅니다. 가까운 존재를 떠나보낸 사람들, 그런 아이들을 보듬어야 하는 교사나 부모에게 지침이 될 수 있는 이야기도 담았습니다. 부모(보호자)를 잃은 아이, 친구를 잃은 아이, 반려동물을 잃은 아이의 아픔에 공감하며 책장을 넘길 수 있다면 좋겠습니다.

4장은 앞에서 다룬 이야기들을 확장하는 의미로 구성했습니다. 전 국민적인 추모가 이루어져야 할 죽음과 스스로 목숨을 끊은 이들을 생각하는 일에 머물러 주길 바랍니다.

집집에 하나씩 있는 구급상자처럼, 이 책이 우리 모두를 위로하고 치유하는 도구가 되기를 바랍니다. 죽음에 관한 사유를 풍부하게 하며 우리를 더 나은 삶으로 이끌어 주길 바랍니다. 죽음을 똑바로 바라보고 알아가는 길이 우리를 단단하게, 따뜻하게 만들어 주는 길임을 느낄 수 있다면 좋겠습니다. 마지막으로 저마다의 놀라운 직관으로 삶과 죽음을 가르쳐 준 제자들에게 이 책을 바치고 싶습니다. 교실에서 함께 나눈 '죽음 수다'를 지지대 삼아 뚜벅뚜벅 걸어가는 중이길 응원해 봅니다. 이 글을 보고 있는 여러분에게도 그 응원을 아낌없이 보내겠습니다.

2021년 여름
임경희

추천사

인간의 원초적인 고독을 생각할 때면 예외 없이 죽음이 떠오릅니다. 학창 시절을 돌이켜 보면 한 번도 저에게 죽음에 대해 말해 주는 사람은 없었습니다. 의과대학을 다닐 때도 교육받은 적이 없습니다. 그래도 죽음은 언제나 삶에서 살아 꿈틀거렸습니다. 삶과 죽음은 한몸인데도 오늘날 우리는 삶만을 이야기하는 치우친 사회에서 살고 있습니다.

의과대학에서 죽음학 수업을 하며 느끼는 점은 죽음에 관한 이해를 돕는 교육이 곧 어떻게 살아갈 것인지에 관한 통찰과 같다는 점입니다. 대학생은 물론, 중고등학생과 초등학생, 심지어 유아들에게도 필요하다고 생각하는 이유입니다.

『그림책으로 배우는 삶과 죽음』에서 저자가 들려주는 죽음 이야기는 일방적인 죽음 강의와는 확연하게 차별화됩니다. 죽음교육의 매체로 활용한 그림책에는 '삶의 이야기가 담긴 글과 그림'이 있습니다. 시처럼 짧은 글이 우리에게 얼마나 큰 울림을 주는지 모릅니다. 그림 역시 글로 드러낼 수 없는 많은 이야기를 들려주는 매력적인 매체입니다.

저자는 초등학교 교사로서 30여 년 동안 아이들과 그림책을 통해 삶과 죽음 이야기를 나누는 흔치 않은 경험을 해 왔습니다. 이 책에 그 경험이 고스란히 담겨 있습니다. 어린이들은 물론 어른들이 죽음에 대한 저마다의 경험과 생각을 길어 올릴 수 있도록 이끌어 준 많은 사례가 녹아 있습니다. 개인적으로 큰 감동이 될 뿐만 아니라 의료인을 위한 죽음학 교과서를 쓰는 데도 훌륭한 자료가 될 책이라 할 수 있습니다.

특히 어린 자녀를 둔 부모님들에게도 이 책을 권합니다. 아이들의 생각을 얕잡아 보지 말고 이 책의 도움을 받아 아이들과 죽음을 이야기하는 성숙한 부모가 되었으면 합니다. 장성한 자녀들과도 이 책에서 소개하는 그림책을 읽고 죽음의 무게에 짓눌리지 않으면서 죽음을 이야기할 수 있게 되기를 바랍니다. 여러 사람들과 죽음에 대한 생각을 나누고 싶은 분이 있다면 꼭 이 책의 도움을 받아 보라고 권하겠습니다. 『그림책으로 배우는 삶과 죽음』이 우리가 삶을 이야기하는 데에, 모든 존재를 귀하게 보는 생사관을 확립하는 데에 좋은 지침이 되어 주길 바랍니다.

유은실 | 울산대학교 의과대학 명예교수

몇 해 전 <죽음이 삶에 답하다>라는 다큐멘터리를 무척 인상 깊게 봤습니다. 초등학교에서 그림책으로 아이들과 '삶과 죽음'을 이야기하는 임경희 선생님의 모습이 놀라웠습니다. 성인을 대상으로 한 죽음교육과 사전연명의료의향서 실천 모임을 오랫동안 이끌어 온 저는 깊은 감동을 받았습니다.

그 후 한 강연에서 선생님은 그림책 『살아있는 모든 것은』을 읽어 주었습니다. 오래전 외국의 성인 죽음교육 사례에서 부러워하며 접했던 바로 그 텍스트였습니다. 이런 매력적인 글로 죽음교육을 하다니 부러웠던 차에 그림책을 만나게 된 것이지요. 그림책으로 성인과 어린이 가리지 않고 죽음을 이야기하는 매체로 활용할 수 있다는 것에 놀라움을 금치 못했습니다.

『그림책으로 배우는 삶과 죽음』은 죽음에 관해 다각도로 이야기 나눠 보기에 적합한 구성으로 이루어져 있습니다. 오랫동안 죽음교육을 위해 외국 자료를 많이 찾아보았지만 이런 책을 보지 못했습니다. 그림책을 통해 따듯한 이야기와 그림을 만날 수 있어, 죽음 이야기의 무게를 덜어 내고, 우리 생각이 삶으로 이어지도록 이끌어 줍니다. 이 책은 60여 권의 죽음 관련 그림책을 사유하는 이야기와 실제적인 도움을 받을 수 있는 「Q&A」까지 탄탄하게 구성됐습니다. 교사뿐 아니라 삶과 죽음에 대해 생각해 본 사람이라면 누구든지 이 책으로 죽음 이야기의 물꼬를 터 보기 바랍니다. 죽음에 관한 사유를 친절하고 따듯하게 끌어올려 줄 것으로 기대합니다. 죽음을 사유하는 사회야말로 기성세대가 후대에 물려 줄 정신적 유산입니다.

홍양희 | (사)사전의료의향서실천모임 공동대표

『그림책으로 배우는 삶과 죽음』은 사랑의 책입니다. 삶을 사랑하고 교육을 사랑하는 이가 이 책의 저자이기 때문입니다. 삶을 사랑하지 않고 죽음을 가르칠 수 있을까요? 죽음에 관해 배우는 일은 삶을 사랑하는 것을 배우는 일입니다. 오랜 기간 교직에서 그림책으로 죽음교육을 해 왔던 저자는 친절한 마음으로 자신의 경험을 책에 담았습니다.

그림책 읽기는 그림과 색채, 여백의 의미를 해석하기 위해 독자의 상상력을 초대합니다. 죽음교육도 상상력을 필요로 합니다. 경험할 수 없는 자신의 죽음, 죽음으로 사랑하는 이들과 헤어진 이들의 깊은 슬픔, 죽음 그 이후의 이야기를 배우고 가르치는 과정에서 상상력은 큰 도움이 됩니다. 저는 이 책이 상상력을 적용하는 교육을 실천하려는 교육자들에게 유용한 교육 사례집이 될 수 있다고 기대합니다.

저자는 오랜 기간 초등학교에서 그림책 읽기를 교육에 도입했지만 노숙인을 위한 교육, 교사 연수, 평생교육원 그리고 일상 안에서도 이웃들을 그림책 읽기에 초대해 왔습니다. 죽음교육은 모든 이에게, 전 생애에 걸친 교육이어야 한다는 믿음이 있었기 때문이라고 합니다. 저 또한 같은 마음으로 이 책을 독자 여러분께 추천합니다. 이 책 『그림책으로 배우는 삶과 죽음』은 모든 이를 위한 교육, 모든 이의 참된 삶을 돕는 평생교육의 장에서도 매우 유용할 것입니다.

김경이 | 가톨릭대학교 대학원 교육학과 교수

초등학교 3학년 딸아이와 함께 잠자리에 누워 이런저런 이야기를 하던 중이었습니다. 딸아이는 "엄마, 이거 비밀인데 아무한테도 얘기하지 마."라며 귓속말로 친구 엄마의 죽음을 이야기했습니다. 그 소식을 미리 알고 있었던지라 아이에게 어떻게 말을 꺼내야 할지 고민하고 있던 참이었습니다. 잠자리에서 친구 엄마의 죽음을 비밀스럽게 털어놓는 딸아이를 보니 '죽음'에 대해 쉬쉬하며 모른 척하고, 제대로 말해 주지 못한 어른으로서 미안한 마음이 들었습니다. '죽음은 이토록 우리 삶에 가까이 있는데, 왜 우리는 죽음을 이야기하길 꺼려할까? 삶뿐만 아니라 죽음도 우리 아이들에게 교육해야 할 과제가 아닐까?' 아이들보다 더 많이 살아온 어른으로서, 부모로서, 교사로서 '죽음교육'에 대한 책임감이 느껴졌습니다.

우리는 삶에서 가까운 사람들의 죽음을 경험합니다. 그러나 죽음을 전혀 배우지 못하고 준비하지 못한 우리에게 죽음은 늘 어렵고 힘들기만 합니다. 상실의 아픔을 겪는 사람들에게 그 누구 하나 죽음에 대한 이야기를 쉽게 꺼내지 못하는 분위기에서, 그들은 홀로 그 모든 짐을 떠안고 살아갑니다. 이런 현실에서 그림책으로 아이들과 함께 죽음에 관한 이야기를 하며 삶을 향한 존엄함을 가르쳐 주는 임경희 선생님을 알게 된 것이 무척 행운이었습니다.

이 책은 우리 삶과 함께 공존하는 죽음을 어떻게 바라봐야 할지, 언제 어디서 우리에게 찾아올지 모를 죽음을 우리는 어떻게 준비해야 할지, 사랑하는 사람들을 어떻게 떠나보내야 하는지, 우리 주변의 다양한 죽음에 대한 시선 등을 생각하고 배울 수 있는 기회를 줍니다. 이제 '죽음'에 대한 이야기를 마냥 꺼려하기보다 그림책을 곁들여 아이들과 함께 이야기해 보고 싶습니다. 이 책으로 그 이야기가 더 다채로워질 수 있다면 좋겠습니다.

송혜경 | 서울상지초등학교 교사

많은 그림책에서 무언가를 모으는 캐릭터가 등장합니다. 옥수수, 나무 열매, 햇살, 이야기를 모으는 『프레드릭』의 생쥐들, 책을 모으는 『도서관』의 엘리자베스, 『슬픔을 모으는 셀레스탱』의 셀레스탱 등 여러 캐릭터가 물건 수집을 재미있어하는 아이들의 공감을 불러일으킵니다. '무엇을 모을까?'는 죽음을 염두에 두었을 때 보다 명확해집니다. 『사탕』이라는 그림책을 읽고 1학년 아이들과 무엇을 모아 천국에 가져가고 싶은지 이야기 나누었을 때, 아이들은 신이 나 아끼는 물건들을 말했습니다. 하지만 아이들은 곧, 우리가 얼마나 많이 모아 두든 천국에 아무것도 가져갈 수 없다는 사실을 알았지요. 삶에서 무엇이 중요한지 질문을 품은 순간이었습니다. 바로 그림책의 힘입니다.

그림책은 1학년 아이들과도 유쾌하면서 진지하게 그리고 스스럼없이 죽음을 이야기할 수 있게 합니다. 죽음을 바라보는 배움은 삶을 따듯하게 하고 앞으로 당당하게 나아가도록 이끌어 줄 것입니다. 죽음에 관해 일회성, 단발성으로 들여다보는 데에는 한계가 있습니다. 삶과 죽음 교육은 삶과 죽음의 다양하면서 복잡하며 독특한 속성을 두루두루 만져 주어야 합니다. 이 책은 삶과 죽음 교육의 방향과 다루어야 할 과제들을 압축하여 제시하고 있습니다. 죽음교육과 관련해서 제도적으로 공론화의 장을 마련할 때, 교육 플랫폼을 준비할 때 이 책이 훌륭한 지침이 될 것입니다.

박효정 | 서울연은초등학교 교사

차례

여는 글 | 그림책으로 삶과 죽음을 통찰해 보세요 _ 4

추천사 _ 10

1장 죽음이란 무엇일까?

죽음이 동행한다는 사실을 떠올리면
삶에서 좀 더 나은 선택을 하고 싶어집니다.

- 아이들에게 '죽음'을 설명해야 할 때 _ 24
  『내가 함께 있을게』
  더 읽어 볼 그림책 | '죽음'이 무엇인지 통찰해 보기

- 영원히 살 수 있다면 행복할까요? _ 37
  『사과나무 위의 죽음』
  더 읽어 볼 그림책 | 삶의 유한성에 관해 생각해 보기

- '끝' 다음에는 무엇이 올까요? _ 49
  『바람이 멈출 때』
  더 읽어 볼 그림책 | 죽음과 순환의 의미를 담은 책

- 죽음이 두렵게만 느껴질 때 _ 59
  『나는 죽음이에요』
  더 읽어 볼 그림책 | 죽음 앞에 의연한 등장인물 만나기

2장 긴 여행을 준비하는 이들을 위해

아이들은 가족을 사랑하고, 함부로 대하지 않고,
불평하지 않는 일이 곧 죽음을 준비하는 것이라고 말했습니다.

❋ 무엇을 남기고 갈 것인가요? _ 72
　『할머니가 남긴 선물』
　더 읽어 볼 그림책 | **이별을 앞둔 이들이 준비하는 것**

❋ 어디에서 죽음을 맞이하고 싶나요? _ 84
　『세상에서 가장 아름다운 이별』
　더 읽어 볼 그림책 | **임종 장소에 관해 생각해 보기**

❋ 영혼은 실제로 존재할까요? _ 94
　『죽음은 돌아가는 것』
　더 읽어 볼 그림책 | **'죽음'의 영역에 있는 존재들**

❋ 죽음 너머의 세계가 있을까요? _ 105
　『이게 정말 천국일까?』『거미줄』
　더 읽어 볼 그림책 | **사후세계에 관한 이야기**

3장 그래도 삶은 계속된다

애도의 타이밍을 놓쳐 아이들이 힘들어하지 않도록
죽음과 상실을 용기 있게 이야기하는 어른이 되겠습니다.

---

* **장례식의 의미 생각하기 _ 118**
  『세상에서 가장 멋진 장례식』
  더 읽어 볼 그림책 | **다양한 장례식 풍경 만나기**

* **분노와 슬픔을 넘어 '애도'의 단계로 _ 130**
  『망가진 정원』
  더 읽어 볼 그림책 | **'퀴블러-로스 모델'을 생각해 보는 이야기**

* **보호자를 잃은 아이들에게 _ 141**
  『무릎 딱지』
  더 읽어 볼 그림책 | **가족을 떠나보낸 이들을 위로하기**

* **친구를 잃은 아이들에게 _ 150**
  『내 친구 네이선』
  더 읽어 볼 그림책 | **친구를 떠나 보낸 이들을 위로하기**

* **반려동물을 보내며 _ 158**
  『이젠 안녕』
  더 읽어 볼 그림책 | **반려동물의 죽음을 추모하기**

4장 사회적인 죽음에 대하여

우리는 필연적으로 타자의 도움과 연결되어 있습니다.
함께 애도하는 데에 책임이 있는 이유가 여기에 있습니다.

- 동물의 희생을 기억해야 해요 _ 170
  『돼지 이야기』『고마워, 죽어 줘서』
  더 읽어 볼 그림책 | **인간에 의해 목숨을 잃는 동물들**

- 오늘도 무사히 돌아오기를 _ 181
  『엄마, 달려요』
  더 읽어 볼 그림책 | **일터에서 돌아오지 못한 이들을 추모하며**

- 어둠을 밝히는 노란 나비들의 날갯짓 _ 192
  『노란 달이 뜰 거야』
  더 읽어 볼 그림책 | **역사 속에서 희생된 이들을 추모하며**

- '나는 죽고 싶다.'라는 문장을 보았습니다 _ 200
  『여름의 잠수』

부록 **Q&A** _ 210
수업을 준비하며
아이들과 죽음에 관해 이야기할 때
가정에서 이 책을 읽는 독자들에게

부록 **도서 목록** _ 222

1장

죽음이란 무엇일까?

죽음이 동행한다는 사실을 떠올리면
삶에서 좀 더 나은 선택을 하고 싶어집니다.

아이들에게
'죽음'을
설명해야 할 때

  교직에 있는 동안 아이들에게 동화든 그림책이든 거의 매일 조금씩이라도 책을 읽어 줬습니다. 아이들도 좋아했지만 실은 책 이야기를 듣고 아이들이 무슨 말을 꺼내 놓을지 궁금한 저의 즐거운 놀이이기도 했습니다.

  곧 새 학교로 옮겨야 하는 어느 해의 일이었습니다. 당시 3학년을 맡고 있었는데 5학년인 선우가 교실로 찾아왔습니다. 2학년 때 우리 반 아이였지요. 선우는 제게 책을 한 권 건넸습니다. 『에드워드 툴레인의 신기한 여행』이었습니다.

  "정말 재밌고 슬퍼요. 그동안 읽어 주셨던 그림책보다 만나고 헤어지는 이야기가 훨씬 많아요. 새 학교 가서서 꼭 읽어 보세요. 그리고…… 2학년 때 제 종이비행기 밟은 친구한테 죽여버리겠다고 소리 지른 거 정말 죄송해요. 그래도 선생님이 항상 그림책을 읽어 주셔서 이제는 좀 달라졌어요. 감사합니다."

내심 놀라고 뿌듯한 마음을 가라앉히기도 잠시, 선우가 교실을 나서자마자 반 아이들이 다가와 다짜고짜 책을 읽어 달라고 했습니다. 나중에 아이들의 글쓰기 공책을 보니 다 읽는 데 3일이 걸렸더군요. 이 책의 주인공인 도자기 토끼 인형 에드워드는 여러 사람에게 버려집니다. 어떤 때는 들판의 허수아비가 되기도 합니다. 이런 에드워드를 구해 준 브라이스는 병마와 싸우는 여동생 사라에게 에드워드를 선물합니다. 사랑받는 일을 당연하게 여기던 에드워드는 처음으로 누군가를 주체적으로 사랑하고 걱정하는 존재가 됩니다. 그러나 병약한 사라는 결국 죽고 맙니다. 이 대목에서 아이들은 눈물을 훔쳤습니다.

그해 아이들은 세월호 참사로 커다란 충격을 받았습니다. 조심스러운 마음에 그동안 각별히 신경 써서 읽을 책을 골랐는데, 이 작품 속에서 그만 죽음을 다시 만난 것입니다.

"내 이름은 죽음, 네가 걱정되어 따라다녔어"

다음 날, 우리 반 학선이가 교실에 들어오자마자 그림책 한 권을 내밀었습니다. 아이들이 좋아하는 똥 이야기, 『누가 내 머리에 똥 쌌어?』를 그린 작가 작품인 『네가 함께 있을게』입니다. 표지에는 이렇다 할 배경 없이 오리가 혼자 하늘을 올려다보는 모습만 담겨 있습니다. 뒤표지도 표지만큼이나 담백합니다. 자줏

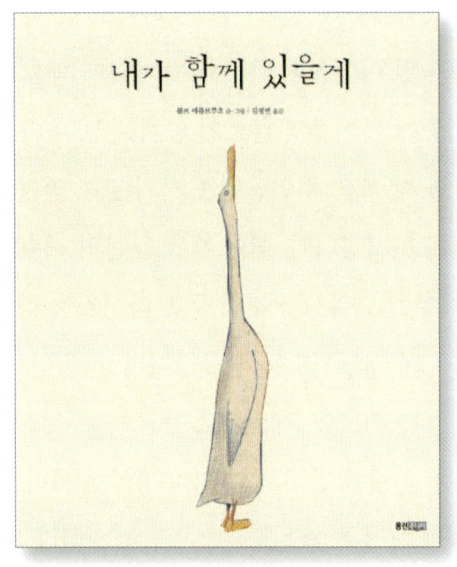

『내가 함께 있을게』

볼프 에를브루흐 글·그림, 김경연 옮김, 웅진주니어, 2007

인생 최대의 난제 '죽음'에 관한 깊은 통찰로
우리를 데려가는 이야기입니다.
더할 나위 없이 간결한 장면과 이야기로 죽음은 늘 우리 곁에 있고
그게 바로 삶이라는 사실을 단순 명료하게,
친근하게 들려주고 있습니다.

빛 튤립 한 송이만 달랑 그려져 있지요. 학선이가 이 책을 함께 읽고 싶었던 이유를 분명하게 이야기하지는 않았지만 사라를 보낸 에드워드를 위로할 수 있는 그림책이라고 생각하지 않았을까 짐작합니다.

누군가 자신을 따라 온다는 것을 눈치챈 오리는 그 존재가 죽음이라는 사실을 알아차립니다. 해골 얼굴에 체크무늬 코트를 입고 살며시 미소까지 짓는 죽음이라니! 게다가 뒤춤에는 튤립 한 송이까지 들고 있습니다.

오리의 표정은 녀석의 마음을 대변합니다. 오리는, 만일을 대비해서 왔다는 죽음을 피해 도망가지 않습니다. 네가 걱정이 돼서 따라 다녔다는 죽음의 말을 듣고 친구로 받아들입니다. 오리는 죽음에게 누구도 제안하지 않았던 방식으로 다가갑니다. 추우니 따뜻하게 해 주겠다고요. 오리는 누워 있는 죽음을 날개로 덮어 주며 다정하게 안아 줍니다. 죽음의 표정을 보니 그러한 포옹을 처음 받아 본다는 듯 살짝 얼어 있는 느낌입니다. 둘의 대화는 시간이 갈수록 온기가 돌고 내밀해집니다. 그러나 죽음도 오리의 생이 끝나는 것을 막을 수는 없었습니다.

당시 저는 아이들에게 독후감을 따로 쓰게 하지 않았습니다. 대신 책을 읽고, 말하고 싶은 내용을 마인드맵으로 구성하는 법을 가르쳤습니다. 집에서 『내가 함께 있을게』를 읽은 감상을 마인드맵으로 써 오면 어떨까 물었더니 모두들 좋다고 했습니다.

해골로 형상화된 죽음을 아이들이 무서워하지 않을까 염려했는데, 어른의 기우에 불과했지요.

다음 날, 아이들은 저마다의 방식으로 마인드맵을 완성해 왔습니다. 마인드맵을 발표하는 시간, 당시 아이들의 글쓰기 공책을 보니 죽음과 관련해 다양하고 깊은 생각을 이끌어 냈음을 알 수 있었습니다.

정우는 이렇게 이야기했습니다.

"죽음은 삶이다. 죽으면 하늘나라에서 또 다른 삶을 살 수 있기 때문이다. 죽음에게. 죽음아, 나는 너를 하늘만큼 땅만큼 싫어했는데 이제는 달라. 그렇다고 네가 좋다는 건 아니야. 단지 난 네가 중요하다고 느껴. 하지만 내가 크면 너에 대한 느낌이 또 달라지겠지?"

정우는 말을 계속 이어 갔습니다.

"난 엄마나 할머니, 우리 가족에게는 '죽음' 너에 관해 못 물어봐. 그래서 책을 읽지. 그러다 보니 이제 죽음은 별거 아니라고 생각하게 됐어. 두렵지 않다는 말이야. 널 오래전부터 미워해서 미안. 고맙고…… 나중에 널 보게 될 거야."

정우에게 물었습니다.

"죽음이 만일을 대비해서 항상 오리 곁에 있었던 것처럼 태어나 살아가는 모든 생명 곁에는 죽음이 있나 봐. 그런데 정우야, 죽음 말고 항상 네 곁에 있는 또 다른 존재는 누구일까?"

"죽음이 곁에 있는지 지금은 아직 잘 모르겠어요. 지금 제 곁에 있는 존재를 생각하라고 한다면…… 가족과 친구, 그리고 선생님이에요."

"선생님, 저는 정우랑 내용이 다른데요."

세윤이가 자신의 마인드맵을 펼쳐 보여 주었습니다.

"이 그림책은 나에게 죽음이 어디에 있는지를 알려 줬어요. 그리고 두려움 한 줄기를 살짝 얹어 놓은 것 같아요."

초등학교 3학년이 죽음에 관해 이런 시적인 표현을 쓰다니요!

"죽음과 우리는 서로 다가가기 어려워요. 그러나 오리는 죽음을 포근히 감싸 주었어요. 이 장면에서 오리는 저에게 강한 펀치를 날렸어요.(죽음에 대한 인식이 크게 달라졌다는 말로 해석되었습니다.) 저는 아직 초등학교 3학년이지만 이제 죽음에 관해 알아가고 있어요. 죽음에게 이렇게 말하고 싶어요. 네가 이제 무섭지 않아. 너는 그냥 솔직한 너야. 더 이상 내가 알고 있던 두려운 네가 아니야."

죽음이 우리에게 가르쳐 준 것

죽음을 이야기하기란 어른도 쉽지 않습니다. 하지만 아이들은 이 그림책을 읽고 삶과 죽음이라는 추상적인 개념을 자기만의 관점으로 읽어 가고 있었습니다. 책을 가지고 온 학선이가 말했습니다.

"죽음이 친하게 느껴졌어요. 친구랑 서로 단점을 털어 놓고 나면 친해지잖아요. 오리가 보이지 않자 죽음이 조금 슬펐다고 했는데요. 자신도 맡은 일이라 어쩔 수 없다면서 미안해했을 것 같아요. 죽음이 아예 일을 안 한다면 지구는 온통 난리가 날 테니까 죽음의 입장도 곤란하겠죠. '하지만 그것이 삶'이라는 말이 참 멋져요. 무슨 말인지 설명하라고 하면 어려운데요. 슬프면서도 멋진 말이에요."

학선이는 차분하게 발표를 이어 갔습니다.

"사람은 모두 죽게 돼요. 그것이 삶이고요. 선생님께서 읽어 주신 이 작가의 다른 책 『커다란 질문』에 이런 말이 나와요. 죽음은 삶을 사랑하게 하려고 이 세상에 왔다고요. 저는 세월호에서 죽은 언니 오빠 들을 보면서 이 말은 순 억지라고 생각했어요. 그런데 언니 오빠 들의 가족과 함께 슬퍼하는 사람들을 보면 맞는 말 같기도 해요. 여러분도 죽음을 두려워하지 마시고 열심히 사세요. 삶을 사랑하세요."

아이들 글쓰기 공책을 보니 그날이 생생하게 되살아났습니다. 저는 이 어린 철학자들을 지켜보며 알 수 없는 전율을 느꼈습니다. 그저 그림책 한 권을 읽어 줬을 뿐인데 아이들이 꺼내 놓은 죽음에 관한 사유는 한 교사를 벅차게 했지요. 내 삶을 돌아볼 수도 있었고, 그때까지 살면서 만난 크고 작은 상실에 관해서도 생각해 볼 수 있었습니다.

우리는 삶이 힘들어지면 나를 지지해 줄 무언가를 찾게 됩니다. 주저앉아 있을 때 우리를 일으켜 주고, 그저 멈춰 버리고 싶을 때 우리를 밀어 주는 존재가 있어 다시 한 발 내디뎌 볼 수 있습니다. 제게는 그 존재가 죽음입니다. 죽음이 저와 동행한다는 사실을 떠올리면 언제 죽음의 배웅을 받을지 모른다는 점을 인정하게 되고, 나아가 삶에서 좀 더 나은 선택을 하고 싶어집니다. 그 마음을 지지대 삼으면 쉬운 길 대신 조금 돌아가더라도 올바른 길을 걸을 수 있는 용기가 생깁니다.

죽음이 나와 함께 있어서 삶이 따듯하게 보일 때도 있었습니다. 죽음이 함께하면서 말을 건네 줬기에 내 행동을 돌아보고 점검할 수도 있었죠. 죽음이 늘 질문을 품게 해서 삶을 더 사랑하게 되었습니다.

『내가 함께 있을게』에서 죽음은 숨을 거둔 오리를 강물에 떠내려 보냅니다. 뒤춤에 감추고 있던 꽃 한 송이를 오리 배에 올려 주지요. 죽음은 오리가 보이지 않게 되자 조금은 슬퍼하면서도 그것이 삶이라고 우리에게 말합니다. 죽음은 아마 우리가 오리처럼 삶을 마무리할 때, 그 순간이 외롭지 않게 동행하는 유일한 친구일 것입니다. 누구에게나 꽃 한 송이 건네며 살이 있는 동안 수고했다고 위로해 줄 겁니다. 그러므로 삶과 함께 줄곧 있었던 것 아닐까요? 우리가 태어날 때 함께 세상에 와서 우리가 세상을 떠날 때까지 무슨 일이 있을까 봐, 나를 잘 지켜주고 있는 존재가 바로 죽음일 것입니다. 죽음은 내 안에 있는 또 하나의 나입니다. '나'와 늘 함께 하면서 우주 순환의 위대한 원리를 실현해 줍니다.

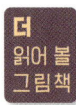 **더 읽어 볼 그림책** '죽음'이 무엇인지 통찰해 보기

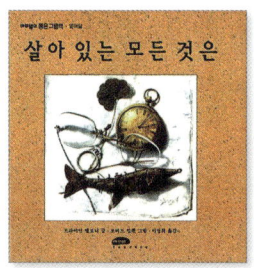

『살아 있는 모든 것은』

브라이언 멜로니 글, 로버트 잉펜 그림
이명희 옮김, 마루벌, 1999

한 의학대학원에서 죽음과 상실에 관한 강의를 하며 첫 번째로 함께 읽은 그림책입니다. 한 의사는 환자와 자신에게 죽음을 설명하라면 기꺼이 이 그림책을 선택하겠다고 감상을 남겼습니다. 감정은 배제하고 사실만을 말하는 것 같지만 온기가 있고 푸근하다는 이유에서였습니다.

이 그림책은 갓 나온 알, 풀, 나무, 새, 물고기, 쥐, 토끼 등 살아 있는 것과 생명을 다한 것들을 번갈아 보여 주면서 저마다 고유한 수명이 있음을 알려 줍니다. 흰색 바탕에 사실적으로 그려진 그림들은 생명을 품은 알, 수명을 다한 총알고둥의 껍데기, 작은 벌레, 죽은 게의 형체에만 조명을 비추며 오로지 각자가 상징하는 '삶'과 '죽음'에만 초점을 맞출 수 있도록 합니다. 글에는 죽음이라는 말이 한 번도 나오지 않지만 죽음을 깊게 생각해 보게 하며 삶과 죽음에 대한 사유를 풍부하게 이끕니다.

『내 작은 친구, 머핀!』
울프 닐슨 글, 안나-클라라 티드홀름 그림
선우미정 옮김, 느림보, 2003

노년이 된 기니피그, 머핀 아저씨는 점점 병이 깊어지자 죽음 앞에 순응하기로 하며 지나간 기억을 되살립니다. 자기 삶을 숫자로도 정리하는데 '매일 세 번, 7천 665번' 누군가를 껴안아 주었다는 이야기도 합니다. 호스피스 의료진에게 강의를 하며 이 그림책을 읽었을 때 한 간호사가 '7655라는 숫자가 나를 꽉 붙잡았다'는 감상을 들려주었습니다. 우리가 살면서 몇 번이나 누군가를 진심으로 껴안아 주었나 돌아볼 수 있게 하는 부분입니다.

　머핀이 죽는 모습을 아주 사실적으로 표현한 장면도 의미 있게 볼 만합니다. 몸이 굳어 가는 모습, 관에 눕혀지기 전, 입관 후의 모습까지 가감 없이 표현되었습니다. 그림책에서 죽어가는 과정을 이렇게 자세히 보여 주는 예는 없다고 해도 과언이 아닙니다. 어른들은 아이들이 죽음을 이렇게 사실적으로 접해도 되나 싶지만 실제로 이 그림책을 본 아이들 반응은 예상을 뛰어넘습니다.

"영화나 글만 있는 책에서도 우리는 수많은 죽음을 보는데 그림책이라고 해서 안 될 것은 없다고 생각해요. 저는 오히려 굳어가는 기니피그의 모습을 보며 살아 있다는 것은 반대겠구나, 몸도 마음도 굳지 않고 말랑말랑하겠구나 생각했어요."

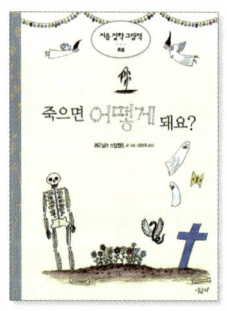

『죽으면 어떻게 돼요?』
페르닐라 스탈펠트 글·그림
이미옥 옮김, 시금치, 2014

그림책을 넘기면 곧바로 '죽음'을 정의하는 간단한 문장이 나옵니다. 우리가 죽음을 어떻게 에둘러 이야기하든, 죽음은 결국 한 생명이 더이상 살아 있지 않은 상태를 의미합니다. 이어서 '죽음'을 둘러싼 다양한 생각과 상상이 유머러스한 그림과 함께 펼쳐집니다. 살아 있는 존재에게 죽음은 미지의 세계일 수밖에 없다는 것, 우리는 죽음을 예상할 수 없다는 것도 이야기합니다. 사람이 죽으면 어디로 가는지 상상력을 곁들여 이야기하고, 문화와 종교마다 다른 장례식 풍경도 보여 줍니다.

지나친 감상에 젖어 있는 이야기나 추상적인 설명이 배제된 이 그림책은 죽음을 어떻게 설명해야 할지 명확하게 보여 주는 '직구'와도 같습니다. 교육 현장에서 아이들과 '죽음의 정의'에 관해 이야기할 때나, 죽음준비교육 첫 시간에 활용하기 좋은 책입니다.

『오래 슬퍼하지 마』
글렌 링트베드 글, 샬로테 파르디 그림
안미란 옮김, 느림보, 2007

할머니만 믿고 살아가는 네 남매에게 검은 망토를 입은 노인이 찾아왔습니다. 노인의 임무는 할머니의 영혼을 거두는 것. 표지에 등장하는 이 노인은 사신입니다. '파더 타임(Father Time)'이라 불리는 가상의 존재로, 시간의 신인 크로노스를 의인화해 표현했습니다. 보통 수염을 기른 노인으로 묘사되며 영혼을 거두기 위한 큰 낫을 들고 있습니다. 날개가 달려 있기도 하고 모래시계를 지니고 있기도 합니다.

아이들은 사신이 할머니를 데리고 가지 못하도록 계속 커피를 권하고, 노인은 옛이야기로 아이들을 설득합니다. 슬픔이와 기쁨이가 첫눈에 반하고 눈물이와 웃음이도 사랑에 빠져 함께 살아가는 이야기. 하지만 한쪽이 죽자 다른 한쪽도 죽음을 택하고 맙니다. 슬픔이 없으면 기쁨도 의미가 없고 눈물이 없으면 웃음도 의미가 없듯, 삶 없는 죽음은 없고 죽음 없는 삶도 없다는 이야기를 하고 싶었던 모양입니다.

영원히 살 수 있다면 행복할까요?

『내가 사랑한 시옷들』의 저자 조이스 박의 강의를 들은 적이 있습니다. 삶을 '스펙트럼'에 비유한 이야기가 무척 인상적이었지요. 우리에게 불행한 일은 평생에 걸쳐 일어나며 살면서 즐겁고 기쁘고 행복한 일만 맛볼 수는 없다고요. 슬픔과 기쁨, 고통과 회복, 눈물과 웃음, 삶과 죽음…… 삶은 동전의 양면과 같은 것들이 공존하는 '풀 스펙트럼(full spectrum)'이 아니겠냐는 이야기로 다가왔습니다.

풀 스펙트럼 같은 우리 삶이 영원히 이어진다면 어떨까요? 행복의 단맛도 영원히 맛볼 수 있지만 그 시간만큼 눈물의 짠맛도 감내해야 합니다. 아마 우리는 풀 스펙트럼이 보여 주는 총천연색 세계에 영원히 갇혀 어지러움을 느끼게 될지도 모릅니다.

죽음에게 도망친 여우 할아버지

'영원한 삶'이라는 화두를 이야기하기에 딱 좋은 그림책이 있습니다. 『사과나무 위의 죽음』입니다.

여우 할아버지에게는 아끼는 사과나무 한 그루가 있습니다. 그 사과나무에 숲속의 온갖 동물들이 찾아와 맛있는 사과를 먹어 치우지요. 재빠르게 도망가는 동물들을 잡기에 여우 할아버지는 역부족입니다. 어느 날, 할아버지는 족제비를 한 마리 잡게 됩니다. 족제비는 자기를 풀어 달라고 하면서 그 대가로 사과를 훔치러 오는 동물들을 꼼짝 못 하게 만들겠다고 합니다. 여우 할아버지는 족제비의 제안을 수락하고 족제비는 동물들을 나무에 찰싹 달라붙게 만듭니다.

시간이 흘러 여우 할아버지에게 죽음이 찾아옵니다. 여우 할아버지는 죽음에게 사과를 따 달라고 부탁해서 죽음을 나무에 딱 붙여 버립니다. 천년만년 살 수 있다는 생각에 만세를 부르며 죽음을 비웃기도 하지요.

하지만 마냥 걱정 없이 살던 할아버지에게 뜻밖의 상실이 찾아옵니다. 아내가 죽은 겁니다. 여우 할아버지는 어떻게 된 일이냐고 죽음에게 따집니다. 사실 죽음은 여우 할아버지의 목숨만 거두지 못했을 뿐, 어디든 갈 수 있었지요.

홀로 된 여우 할아버지는 손자의 손자, 그 손자의 손자가 대를 이어가는 세상에서 외톨이로 살아갑니다. 수많은 계절이 지

ⓒ『사과나무 위의 죽음』, 카트린 셰러, 2016, 푸른날개

『사과나무 위의 죽음』

카트린 셰러 글·그림, 박선주 옮김, 푸른날개, 2016

앞표지와 뒤표지가 대칭을 이룹니다. 앞표지에는 사과를
들고 있는 여우 뒤로 희미한 그림자가 비친 그림이 있습니다.
뒤표지는 그림자의 정체를 보여 줍니다. 그림자는 사과를 쥔 여우보다
앳되어 보이는 여우, 즉 '죽음'입니다.
등 뒤로 손을 잡고 있는 두 존재는 삶과 죽음이 맞닿아 있음을
상징하며 영원한 삶은 불가능하다고 말합니다.

나도 죽음은 여우 할아버지를 재촉하지 않습니다. 모든 감각을 잃고 거동마저 힘들어진 여우 할아버지는 마침내 죽음을 풀어 줍니다.

둘은 사과를 한 입씩 베어 먹고 서로를 꼭 껴안습니다. 둘이 하나가 된 것 같은 모습입니다. 상대의 깊은 위로가 느껴지는 포옹이 이런 건가 싶을 만큼 뭉클합니다. 뒤쪽 면지에는 여우 할아버지가 길게 몸을 늘인 채 죽음을 베고 잠들어 있습니다. 함께 여행을 하고 있나 봅니다.

5학년 아이들과 이 책을 함께 읽었습니다. 아이들은 죽음이 여우 할아버지에게 깊은 깨달음을 주었다고 합니다. 학생들 글에서 여우 할아버지에게 하고 싶은 말이 많았다는 점을 알 수 있었습니다.

"여우 할아버지, 오래 사니까 좋으세요? 불행하시죠? 너무 오래 산다는 건 그런 거예요. 죽음은 우리 마음대로 할 수 없고 누구에게나 찾아가요. 죽음은 막을 수 없는 법이니까요. 죽음을 반기는 사람은 없지만 평생 안 죽는 사람도 없죠. 죽음을 나무 위에 붙여 놨을 때 왜 죽음이 웃었는지 아세요? 소용없다는 뜻일 거예요. 할아버지가 늦게라도 깨달아서 다행이에요."

"저는 죽음이 무섭고 싫었어요. 천년만년 살고 싶어 하는 여우 할아버지의 모습이 꼭 제 모습을 들여다보는 것 같아요. 안타깝네요.. 제 생각은 책을 읽기 전과 달라졌어요."

아이들은 여우 할아버지가 죽음을 미루려는 지나친 욕심을 버리고 받아들여야 한다며 충고합니다. 한편 소중한 사람들과 나의 죽음만큼은 오지 않도록 붙잡아 두고 싶다면서 안타까움을 토로하는 아이도 있죠. 이런 마음도 지극히 자연스러운 감정입니다.

여우 할아버지가 죽음을 뒤늦게나마 받아들인 건 잘한 일이며 좋은 선택이었다고 격려를 보내는 아이들도 있습니다.

"우리는 죽음과 살아가고 있고 죽음은 좋은 동반자인 것 같아요. 할아버지는 늦었지만 현명한 선택을 했어요. 죽음과 좋은 여행 하세요."

여우 할아버지가 왜 사과나무에서 죽음을 내려 줬는지 묻는 아이도 있었습니다. 저는 '네 생각은 어떤데?'라고 역으로 질문을 했습니다. 그림책을 해석하는 일은 다른 사람의 시선을 따라가는 게 아니라 자기만의 해답을 찾는 과정이라고 보았기 때문입니다.

"이제 그만 삶에서 떠날 때가 된 거죠."

한 아이의 명료하고 담백한 대답에 무릎을 탁 쳤던 기억이 납니다.

삶의 유한성이 주는 의미

아이들은 나무 위에 붙어 버린 죽음에게도 하고 싶은 이야기가 많았습니다. "삶이 원래 그대로여야"(죽음 덕분에 삶이 순리를 따라갈 수 있다는 의미) 소중하게 느껴지고 더 나은 삶을 살아갈 수 있다는 감상도 있었지요. 죽음은 피하고 싶은 대상이기도 하지만 왜 세상에 죽음이 존재해야 하는지 나름대로 인정하기도 합니다.

"죽음아, 너는 지구의 심장이야. 사람이 심장이 없으면 살아갈 수 없는 것처럼 네가 없다면 지구가 제대로 돌아가지 않을 테니까. 모든 사람이 너를 싫어하지만 너 스스로는 너를 사랑해야 해."

"여우 할아버지는 늦게라도 죽음이 자신의 적이 아니라 친구였다는 것을 깨달았을 거예요."

이 그림책에서 상징성이 강하게 느껴지는 부분으로 저는 여우 할아버지와 죽음이 서로를 껴안는 부분을 꼽습니다. 다양한 해석이 있을 수 있지만 할아버지가 비로소 죽음을 받아들였다는 암시로 읽을 수 있지요. 할아버지와 죽음은 서로를 끌어안기 전에 사과를 함께 베어 무는데요. 다른 동물에게는 허락하지 않았던 사과, 할아버지의 '욕심'과 같았던 사과를 죽음에게 내어 주는 모습에서 우리는 누구나 빈손으로 세상을 떠난다는 이야기가 떠오르기도 합니다.

여우 할아버지와 죽음이 서로를 껴안습니다. 여러분들은 이 장면을 어떻게 해석하시나요?

ⓒ『사과나무 위의 죽음』, 카트린 셰러, 2016, 푸른날개

    아이들은 여우 할아버지가 사과로 죽음에게 '고마움'을 표현한다고 이야기합니다. '영원'이라는 이름 아래서 의미 없이 지속하는 인생을 죽음이 끝맺어 줬으니까요. 스스로 끝내지 못하는 길고 지루한 일을 누군가 와서 그만해도 된다고 하면 얼마나 홀가분하겠어요. 그래서 아이들은 여우 할아버지가 죽음에게 고마움을 느꼈다고 상상했습니다.

    수업을 마무리할 즈음, 아이들은 여우 할아버지가 죽음과 껴안았을 때 무슨 말을 했을지 궁금하다고 얘기했습니다. 많은 아이들이 "미안해."라는 말을 먼저 꺼냈습니다. 순리를 거스르며

자기 욕심만 부리느라 죽음을 너무 많이 기다리게 해서 미안하다는 의미였습니다. 사과나무를 당부할 거라는 아이도 있었습니다.

"잘 키울 수 있는 사람에게 나무를 맡기고 지금 열려 있는 사과들은 이웃에게 나눠 줘. 그리고 나를 잊지 말아 줘."

우리는 유한한 삶을 살고 있기 때문에 '영원한 삶을 살 때에는' 하지 못하는 것들을 해 볼 수 있습니다. 죽음이라는 존재를 인정한 여우 할아버지처럼 다른 존재(여우 할아버지에게는 죽음)와 기꺼이 사과를 나누고, 생생한 감각으로 퍼지는 그 맛을 느낄 수 있는 것이겠지요. 생에 관한 펄떡이는 감각은 그저 숨만 붙은 채로 존재하는 '영원'이라는 시간으로부터 우리를 지켜 주는 무기가 됩니다.

죽음을 불길하게 여기는 통념에서 자유롭지 못한 사회를 살아가는 우리. 우리는 그 무기를 어떻게 발견할 수 있을까요? 삶의 시간은 언젠가 저문다는 것을, 그래서 숨 쉬는 '지금 여기'의 시간이 소중하다는 것을 인식하는 순간이 바로 그 무기입니다. 죽음 앞에서 우리는 모두 동등한 존재이고 그러므로 겸허해질 수 있습니다. 삶 앞에서 고개를 숙일 때 우리는 매일의 감각, 사유, 감정을 그저 흘려보내지 않고 소중하게 붙잡을 수 있게 됩니다. 그것이 바로 우리가 살아 있다는 증거입니다.

 삶의 유한성에 관해 생각해 보기

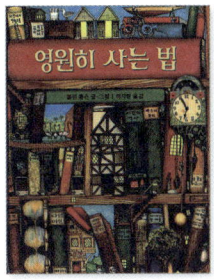

『영원히 사는 법』

콜린 톰슨 글·그림
이지원 옮김, 논장, 2010

 방이 천 개나 되는 도서관, 책 속에 살고 있는 소년 피터는 '영원히 사는 법'이라는 제목의 책이 어디엔가 있다는 사실을 알게 됩니다. 2년 동안 찾아다닌 끝에 피터는 고서들 사이에 사는 노인들을 만나고 『영원히 사는 법』을 건네받습니다. 이 책을 갖고 있으면서 폭삭 늙어 버리다니! 노인들은 피터의 궁금증을 풀어 주기 위해 영원한 아이(원문 Ancient Child, 오래된 아이)에게 데리고 갑니다. 얼어붙어 버린 듯 창백한 아이의 모습에 피터는 고민합니다. 『영원히 사는 법』을 펼쳐서 읽을 것인지, 책을 돌려주고 다시 세상으로 돌아올 것인지.
 교실에서 이 책을 읽었을 때 5학년 아이가 이런 후기를 남겼습니다.
 "선생님, 이 그림책은 제 인생 책이에요. 영원히 살고 싶은 마음을 한순간에 접고 오늘을 사랑하게 만들어 버렸으니까요. 문장 끝에 마침표가 있듯이 인생에서는 죽음이 마침표잖아요? 그런데 영원히 산다는 것은 자연의 이치를 벗어나는 게 아닐까요? 저도 요즘 영원히 사는 게 궁금해서 영생을 다루는 웹툰도 보고 있는데요. 생각이 달라졌어요. 죽지 않고 영원히 산다면 끝없는 내일과 시간 위에 얼어붙어 버릴 것 같아요."

『100만 번 산 고양이』

사노 요코 글·그림
김난주 옮김, 비룡소, 2002

100만 번 죽고 100만 번 다시 태어난 얼룩 고양이가 있습니다. 임금님, 뱃사공, 서커스단의 마술사, 도둑의 고양이로 살았습니다. 100만 명이 고양이를 떠나보내고 슬퍼했지만 정작 고양이는 한 번도 울지 않았습니다.

몇 번째로 찾아온 삶일까요. 얼룩 고양이는 하양 고양이를 알게 됩니다. 둘은 반려가 되고 새끼들을 함께 키웁니다. 고양이는 100만 번 태어나고 죽으며 '영원'이라는 시간을 살고 있었지만 그 인생은 세상 그 어떤 것에도 상관하지 않고 떠도는 삶일 뿐이었습니다. 하지만 자신보다 하양 고양이와 새끼 고양이들을 더 사랑하게 됐을 때,

얼룩 고양이는 비로소 영원에서 벗어날 수 있었습니다. 다른 존재를 받아들이고 사랑하고 함께하는 법을 깨닫는 삶이 우리가 매일매일 살아 내는 유한한 삶, '진정한 삶' 그 자체가 아닐까요?

『나의 영원한 세 친구』

헬메 하이네 글·그림
황영숙 옮김, 혜문서관, 2009

이 그림책은 우리가 태어나는 순간 평생 함께할 친구 셋을 만난다고 합니다. 기억을 담당하는 머리 교수님, 마음을 담당하는 사랑마음 아주머니, 소화와 육체를 담당하는 뚱보배 아저씨입니다. 우리가 죽으면 세 친구와 이별을 하게 됩니다. 뚱보배 아저씨는 우리와 함께 묻히지만 머리 교수님과 사랑마음 아주머니는 세상에 남습니다. '영원한 삶'은 우리 몸의 시간이 다한 뒤에도 우리 생각, 타인과 사랑을 주고받은 흔적이 세상에 남아 있다는 의미일지 모릅니다.

그림책 『세 친구』, 『세상에서 가장 아름다운 달걀』, 『코끼리 똥』, 등으로 잘 알려진 작가 헬메 하이네는 『나의 영원한 세 친구』를 구상하고 완성하는 데 10년이 걸렸다고 합니다. 켜켜이 쌓인 시간만큼 철학적 깊이를 느낄 수 있는 작품입니다.

『우리 다시 만나요』

생 미아오 글·그림
박소연 옮김, 달리, 2020

할아버지와 아이는 그림을 그리다 '불멸의 해파리'에 관한 이야기를 나눕니다. 할아버지는 아이와 다음에 만나면 영원히 살 수 있는 방법을 들려준다고 했지만 결국 아이를 보지 못하고 세상을 떠납니다. 슬픔에 빠져 잠든 아이는 꿈속에서 할아버지를 만나고, 둘은 함께 '환생 도시'로 향합니다. 그곳에는 어떤 생명체로 다시 태어날지 고민하는 존재들이 있습니다.

    종교적, 지역적 해석에 국한될 수 있는 '환생'이라는 관념을 누구나 편하게 접할 수 있도록 따뜻하게 풀어내는 그림책입니다. 우리는 다른 사람의 기억 속에 남아 삶의 유한성을 초월할 수 있다는 메시지를 줍니다.

'끝' 다음에는 무엇이 올까요?

'그림책으로 배우는 삶과 죽음'이라는 주제로 노숙인 인문대학에서 강의를 할 때였습니다. 김 아저씨는 이 수업에서 만났습니다. 외국에서 사업을 하다 총상을 입었는데, 총을 맞은 순간 의식을 잃었고 삶의 막을 내리는 줄 알았다고 합니다. 김 아저씨는 내 나라로 돌아와 삶과 죽음을 공부하고 있는 자신이 믿기지 않는다고 이야기했습니다.

어느 날, 수업이 끝나자마자 김 아저씨가 저를 한쪽으로 불렀습니다.

"저기…… 선생님, 사람이 죽으면 그걸로 끝일까요?"

선상이 좋지 못한 아저씨는 자신이 곧 죽을 것 같다며 눈물을 훔쳤습니다. 총격 사건 이후 가족은 뿔뿔이 헤어져 생사조차 모르는데 이대로 죽으면 너무 슬플 것 같다며 고개를 떨궜습니다.

가족도 못 만나고 혼자 죽을 것을 생각하니 무섭고 두렵다는 고민이었습니다.

갑작스러운 질문에 어떻게 대답해야 할까 한참을 생각했습니다.

"사람이라면 누구나 죽음이 무섭고 두려운데요. 그건 저도 마찬가지예요. 어떤 사람은 죽음이 서늘한 여름 같다고도 했대요. 선생님 질문은 지금 당장 답할 수 없을 만큼 어렵고 철학적이네요. 제가 다음 주까지 공부해서 대답해 드릴게요. 생각하기에 따라 여러 이야기가 나올 수 있는 질문이지만, 최대한 알맞은 대답을 찾아볼게요."

일주일 후, 저는 그 대답으로 그림책 『바람이 멈출 때』를 준비해 갔습니다. 김 아저씨의 모습은 보이지 않았습니다. 아쉬움을 안고 강의를 시작했습니다. 먼저 표지를 양옆으로 펼쳐 이어진 그림을 함께 보았습니다. 가장 연배가 높았던 수강생이 먼저 감상을 이야기했습니다.

"그림 속에 바람이 부는 것 같네요. 이렇게 늙은 저도 엄마 손을 잡고 해가 지는 풍경을 바라보고 싶습니다."

『바람이 멈출 때』를 쓴 샬럿 졸로토는 1940년대부터 약 50여 권의 어린이책을 쓴 작가로, 1998년에는 미국에서 샬럿 졸로토상이 만들어지기도 했습니다. 이 책은 그림이 다른 판본만 세 개가 있습니다. 그림 '옷'을 바꿔 입고, 1960년대부터 90년대까

『바람이 멈출 때』

샬럿 졸로토 글, 스테파노 비탈레 그림, 김경연 옮김, 풀빛, 2020

일상 속에서 크고 작은 '끝'을 만나는 우리를
잔잔하게 위로하는 그림책입니다.
우리 눈앞에서 사라지는 존재들이
어디에선가 새로운 이야기를 시작하고 있을지 모른다고 이야기하며
'순환'이라는 키워드를 생각해 보게 합니다.

지 시간을 뛰어넘어 독자를 찾아와 중요한 의미를 전하는 작품이라 할 수 있지요.

낮이 저물면, 바람이 그치면 영영 끝일까?

잠자리에 드는 아이에게 아버지가 책을 읽어 주고, 엄마가 잘 자라는 인사를 하러 옵니다. 왜 낮이 끝나야 하느냐고 묻는 아이의 질문을 시작으로 엄마와 아이는 세상 모든 '끝'에 관해 이야기를 나누지요. 학생들이 돌아가며 아이의 질문을 낭독하고, 저는 그림책 속 엄마가 되어 낭독을 이어 갔습니다.

아이는 모든 끝이 궁금하고 또 내심 걱정됩니다. 낮은 왜 끝나는지, 바람이 그치면 어디로 가는지, 민들레 꽃씨는 꽃에서 떨어지고 마는지, 파도는 모래에 부서지면 그것으로 끝인지 묻습니다. 끝없이 이어지는 아이의 질문에 엄마는 멋진 말로 다독여 줍니다. 낮은 끝나지 않는다고, 이곳에서 밤이 시작되면 다른 곳에서 해가 빛나기 시작한다고, 산봉우리까지 힘들게 올라가면 그것으로 끝일 것 같지만 오르는 동안 힘들었던 시간은 편히 내려갈 수 있는 계곡과 맞닿게 된다고, 세상 모든 것은 언젠가 끝나는 듯 보이지만 그 끝은 어디론가 새롭게 이어진다고요.

나무 질감이 느껴지는 그림도 독특한 여운으로 이야기를 뒷받침하고 있습니다. 꼬리를 물고 '끝'의 행방을 묻는 아이의 얼굴도, 질문에 대답해 주는 엄마의 모습도 둥글둥글합니다. 은빛 달이 걸친 나무며 바다에 스며드는 파도까지도 끝이 없는 원을 닮았습니다. 동그랗게 표현된 그림은 세상에 끝나는 것은 없다고, 모든 것은 어디론가 닿고 이어져 순환된다고 말을 걸어 옵니다. 나무의 모습은 또 어떤가요? 그의 몸 한쪽은 가을이지만 다른 한쪽은 겨울입니다. 잎을 떨구는 겨울나무는 그렇게 끝을 맺는 것 같지만 이미 그 안에 봄을 잉태하고 있습니다.

수강생들과 우리 삶에서 만나는 여러 '끝'을 이야기해 보기로 했습니다. 소식이 끊긴 동생, 아버지를 용서할 수 없어 관계를 끝내 버린 이야기, 다 마치지 못한 공부, 마지막 직장에 얽힌 이야기 등 다양한 사연이 쏟아졌습니다.

'끝'과 관련된 주요 화두는 단연코 '죽음'이었습니다. 자신이 보는 앞에서 자살한 아버지를 평생 증오했다는 수강생은 이 그림을 보니 아버지의 죽음이 그것으로 끝은 아니라는 생각이 들었다고 했습니다. 깊이를 헤아리기 어려운 미움과 그리움으로, 아버지는 돌아가신 이후에도 자신의 삶에 평생 존재하고 있었다는 겁니다.

반에서 '기록의 신'으로 불린 수강생도 말을 꺼냈습니다. 가족 이야기를 비롯해 거의 모든 것을 기록하고 있다며 수첩을 보여 준 수강생이었지요. 그가 수첩에서 말린 꽃을 꺼내 보여 주었습니다.

"돌아가신 우리 어머니가 생각나네요. 어머니의 몸은 죽고 없지만 꽃으로 저와 이어져 있는 것 같아요. 생전에 꽃을 좋아하셨거든요. 사는 게 힘들어도 길거리에 핀 꽃을 보면 어머니를 만난 것 같아요. 이 세상 모든 꽃들이 모친 잃은 자식들의 어머니 같습니다."

죽는 것이 '마지막', '끝', '사라짐'이라고만 여겼던 우리들은 어느새 생각을 조금씩 전환해 가고 있었습니다. 해가 저물어도 곧 다른 곳에서 새로 떠오르듯, 민들레 꽃씨가 떨어져도 다른 곳에서 다시 피어나듯, 누군가가 떠나는 일도 누군가의 가슴 속에서 다시 기억되는 일이겠지요. 수첩 안에 고이 간직한 꽃에서 어머니를 떠올릴 수 있듯, 일상에서 볼 수 있는 아주 작은 존재들이 추억의 매개가 되어 주기도 하고요. 누군가에게는 그 매개가 문득 올려다보는 하늘일 수도 있고, 마지막으로 함께 걷던 길에서 불어오던 바람이 되기도 합니다. 죽음은 그저 의미 없는 끝이 아니라 남은 사람들의 삶으로 이어져 깨달음을 주고, 사랑을 불러오며 우리를 더 나은 삶으로 이끌어 줍니다.

죽음을 이야기하며 희망을 발견하다

죽음이 누군가의 추억과 사랑으로 이어진다는 이야기가 오가는 교실, 어느새 삶에 관한 이야기도 슬쩍 고개를 들었습니다. 죽음과 관련된 이야기를 하니 우리 삶에서 다시 일어서기 어려울 만큼 아프게 넘어졌을 때, 죽음을 생각할 만큼 힘들었던 순간이 화두로 떠올랐습니다.

간첩 누명을 쓰고 죽음의 문턱까지 가 봤다는 수강생이 말을 이었습니다.

"살면서 온갖 풍파를 겪었지만 그게 끝이 아니더라고요. 위기 속에도 항상 희망이 있었습니다. 그림책에서 엄마가 아이에게 '낮이 어둠과 함께 너의 꿈을 준비한다'고 말해 주는 장면이 좋았어요. 인생의 어두운 순간들은 꿈을 준비하는 희망이 될지도 몰라요. 저도 아이처럼 오늘이 내 삶의 끝이 아닐까 스스로에게 묻고 하루하루 불안해하면서 살았는데 위기는 새로운 기회로 이어지기도 했습니다."

삶은 때때로 우리를 '죽을 만큼' 힘든 상황에 빠뜨리기도 합니다. 동시에 그 시련이 끝은 아니라는 사실도 알려 줍니다. 가파른 산이라는 시련, 그 봉우리는 끝이 아니라 편하게 내려가는 골짜기로 이어집니다. 오늘 나를 흐리게 하는 구름이 다른 날 나에게로 와 그늘이 돼 주기도 하지요.

'끝'에도 '다음'이 있다는 사실을 부단히 발견하는 과정이 우리 삶 그 자체가 아닐지, 그림책을 덮으며 마음이 숙연해졌습니다. 죽음과 끝, 소멸과 사라짐의 의미를 새롭게 인식히는 일은 그곳에서 피어나는 희망을 발견하는 일과 동의어일지도 모릅니다.

수업이 끝나고 이 그림책을 사무실에 맡겼습니다. '죽으면 끝이냐'고 물었던 김 아저씨께 전해 달라고. 종강할 때까지 그분을 다시 만난 적은 없지만 내심 이 그림책이 멋진 대답이 됐기를 바랐습니다. 김 아저씨가 고민을 털어놨던 때로 되돌아간다면 대답을 준비해 오겠다는 말 대신 이렇게 이야기하고 싶습니다.

"인간은 누구나 죽음으로 끝을 맞겠지요. 저도, 선생님도 그렇고요. 그러나 선생님이 가족을 그리워하시는 것처럼 가족들도, 저처럼 오늘 선생님이 만난 사람들도 선생님을 기억하고 있어요. 우리 몸은 사라지지만 우리는 누군가의 기억, 추억, 수많은 이야기 속에서 살아남을 거예요. 사람들은 우리를 기억하면서 사랑과 감동을 느낄 거고요. 이것이 자연과 우주의 법칙이고 지구의 역사가 아닐까요?"

더 읽어 볼 그림책 죽음과 순환의 의미를 담은 책

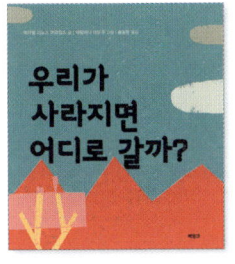

『우리가 사라지면 어디로 갈까?』

이자벨 미뇨스 마르띵스 글, 마달레나 마또주 그림
송필환 옮김, 북뱅크, 2019

'순환'을 생각해 보게 하는 제목이 사뭇 경쾌합니다. 표지를 넘기면 굵게 표현된 검정 선이 장면마다 일관되게 흐르며 주제를 보여 줍니다. 세상 모든 것들은 다 사라집니다. 웅덩이는 사라져 하늘로 올라가고 과거에 사라진 왕들은 여러 질문을 남겼습니다. 우리 삶도 마찬가지입니다. 우리는 살아가는 동안, 무엇을 남길 것인가요?

『쨍아』

천정철 시, 이광익 그림
창비, 2008

어느 뜨거운 가을날, 꽃밭을 날던 쨍아가 과꽃 밑에서 죽습니다. 개미들은 쨍아의 몸을 조각내 물고 줄지어 갑니다. 죽음은 삶의 일부일

뿐이라는 듯…… 쨍아는 개미들에 의해 찬란하게 부서지고 다시 과꽃에게 자신의 생명을 돌려줍니다. 우리 모두는 쨍아처럼 잘게 부셔져 흙으로 돌아가 꽃을 피울 우주의 일원이 아닐까요? 살아 있는 모든 것들은 보이지 않는 끈으로 서로 이어져 있다는 중요한 메시지를 줍니다.

『작은 별』

멤 폭스 글, 프레야 블랙우드 그림
황연재 옮김, 책빛, 2021

하늘에서 별이 떨어져 아기의 모습으로 세상에 옵니다. 이웃들은 그 아기를 사랑하고 아기는 주위 사람들의 따뜻한 품 속에서 무럭무럭 커 갑니다. 어른이 되고, 노인이 되고, 그리고…… 다음 세대의 작은 아이가 그리워하는 '별'이 됩니다.

한 사람의 탄생과 죽음을 별이 떨어지고 다시 하늘로 올라가는 '별의 순환'이라는 문학적 상징으로 표현했습니다. 특히 이웃들이 아기를 살뜰하게 돌보는 전경에서 피부색, 종교, 문화가 다른 사람들이 어우러지는 모습을 표현해 깊은 여운을 줍니다.

죽음이
두렵게만 느껴질 때

모르는 번호로 부고 문자가 왔습니다. 전에 근무했던 학교 교장 선생님이 돌아가셨다는 내용이었습니다. 퇴직하실 때 기념 영상을 만든 기억이 나 부고 소식이 더욱 안타깝게 느껴졌습니다. 유족에게 고인이 생전에 그 영상을 보고 싶어 했다는 이야기를 들었습니다.

저는 죽음이 갑자기 찾아올 때를 대비해 해마다 데스 클리닝 (death cleaning, 자신의 죽음 이후 친구들이나 가족들이 유품을 처분하지 않도록 필요하지 않은 물건을 미리 처리하는 일. '죽음 청소'로도 불림) 차원에서 물건이나 인터넷에 쓴 글, 연락처, 컴퓨터 파일을 정리합니다. 그런데 교장 선생님의 퇴직 기념 영상만큼은 해를 거듭해도 지우지 못했습니다. 어린 시절부터 퇴직 무렵 모습까지 한 사람의 자취가 담긴 것을 차마 딸꾹, 삭제할 수 없었기 때문입니다. 선배 교사로 살아간 분의 인생을 가끔 꺼내 보며 나를 돌아보고 싶은 마음도 있었습니다. 영상을 간직하고 있다가 그분의 유족에게 보내는 일이 찾아올 거라고는 조금도 예상할 수 없었지요.

다음 날, 장례식장을 찾았습니다. 영정 사진 맞은편에서 선생님 퇴직 영상이 재생되고 있었습니다. 모자를 단정히 눌러 쓴 소년의 얼굴이 백발의 모습이 담긴 사진 위로 겹쳐 왔습니다.

죽음은 필연임을 알지만 나 역시 어디에서, 언제, 어떤 상태로 죽어 갈지 모른다는 생각이 들어 마음이 가라앉았습니다.

'중환자실에서 홀로 죽을지 모르지……. 인생은 아무도 몰라. 생각해 보지 않은 병으로 죽게 될 수도 있어. 치매를 앓게 되면 내가 누군지 모른 채 죽을 수도 있고…….'

두려움이 스멀스멀 기어들었습니다. 죽음 그 자체에 관한 두려움은 아니었다고 생각합니다. '죽음의 순간'을 필연적으로 경험해 보지 못한 데서 오는, 살아 있는 자의 어떤 실체 없는 공포가 아니었나 싶습니다.

그 생각을 떨치지 못한 며칠 사이, 『나는 죽음이에요』라는 그림책이 새삼 눈에 들어왔습니다. '나'가 죽음이라니요? 어느새 책으로 손이 갔습니다. 그림책 속 죽음을 만나 그가 뭐라고 할지 들어 보고 싶었습니다.

『나는 죽음이에요』

엘리자베스 헬란 라슨 글, 마린 슈나이더 그림, 장미경 옮김, 마루벌, 2017

삶이 삶의 일을 하는 것처럼 죽음도 그저 맡은 일을 묵묵히 합니다.
자신이 데려가는 생명들에게 한없이 따뜻하고
사랑이 넘치는 모습으로 말이지요.
죽음을 어떤 존재로 인식하느냐에 따라
우리는 죽음 앞에서 두려움을 느낄 수도, 죽음을 의연하게 바라볼 수도 있습니다.

생명의 모습을 한 죽음을 만나다

이 그림책은 죽음이 화자가 돼 직접 자신을 소개합니다. 생명을 데려가는 일을 하는데 방문 시간도 장소도 만날 사람의 나이도 예측할 수 없다고 합니다. 발그레한 볼을 한 죽음은 시든 잎, 초록 잎, 메마른 풀, 피어나고 진 꽃들 사이로 자전거를 타고 다니며 생명을 거둡니다. 눈동자는 생명을 상징하는 초록이고 입고 있는 옷도 청록색입니다. 머리에는 활짝 핀 빨간 꽃을 달았습니다. 이름이 죽음만 아니라면 '삶'을 떠올리게 하는 형상과 크게 다르지 않습니다.

『나는 죽음이에요』는 유럽에서 먼저 발간된 그림책입니다. 유럽에서 역사 속 많은 화가들은 해골 형상을 사용해 죽음을 다소 으스스하고 기괴하게 그리기도 했습니다. 해골 이미지와 비교할 때, 그림책 속 죽음은 파격적으로 느껴지기도 하지요. 유럽에서 죽음을 해골로 표현한 역사를 거슬러 가다 보면 중세 이야기를 하지 않을 수 없습니다. 십자군 전쟁, 대기근, 흑사병 등으로 죽음이라는 존재를 가깝게 느낄 수밖에 없었던 당시 풍경은 '죽음의 춤(사람들이 묘지에 모여 추던 춤)'이라는 주제로 표현되었지요. 르네상스 시대에 활동한 화가들이 동명의 이름으로 그린 작품에서 죽음을 해골로 표현한 것을 볼 수 있습니다. 약 500년이 지난 오늘날, 죽음에 관한 인식도 많이 달라지고 있는 것 같죠?

할머니와 함께 뜨개질을 하는 죽음. 죽음은 우리 생각보다 친절하고 다정한 존재일지도 모릅니다.
ⓒ『나는 죽음이에요』, 엘리자베스 헬란 라슨, 마린 슈나이더, 2017, 마루벌

 그림책에서 죽음은 자신이 어떻게 생명을 거두는지 들려줍니다. 그가 일하는 방식은 우리의 선입견을 깨트리지요. 떠나기 싫어하는 코끼리의 등을 토닥이기도 하고, 걸을 수 없는 아기는 품에 꼭 안아서 데리고 가며, 아이들에게는 걱정 말라는 듯 어깨동무를 해 줍니다. 그림책 속 죽음은 인격적이며 친절하고 모두에게 예를 갖춥니다. 이런 죽음이라면 내 삶의 마무리를 맡겨도 되지 않을까요?
 따뜻하고 다정하게, 주어진 과업을 충실히 수행하는 죽음의 여정을 뒤따라가면 두렵던 마음이 조금씩 가라앉는 걸 느낄 수 있습니다. 죽음은 그저 죽음일 뿐인데 일어나지 않은 온갖 부정

적인 일과 사건을 떠올리고 있던 시간, 다가오지 않은 미래까지 가서 '죽어 가는' 일을 곱씹던 스스로를 되돌아보았지요. 죽음을 두려워하는 마음은 죽음을 인식하는 태도에서 비롯된 것이었습니다. 어두컴컴한 데서 우리를 덮치려고 기다리는 무서운 존재로 죽음을 생각하는 바로 그 태도 말입니다.

따뜻하고 다정하게 두려움에 대처하기

『나는 죽음이에요』는 죽음에 관해 이야기하기를 터부시하는 관념을 새롭게 바라보도록 합니다. 머리에 꽃을 달고 청록색 옷을 입은 죽음은 그저 자기 이야기를 할 뿐입니다. 어떤 사람은 자신이 지나가길 바라며 문을 닫고 어떤 사람들은 자신이 다가오는 것을 보기 위해 불을 밝히는 사람들도 있다고요. 여러분은 어떤가요? 만일 나에게, 가족에게 죽음이 다가오고 있다면 마주할 용기가 있나요? 삶이 삶인 것처럼 죽음도 묵묵히 자신의 일을 하는 존재입니다. 우리 삶의 끝에 일어나는 현상입니다. 누구도 죽음을 피해 숨을 수 없다면 그와 친하게 지내야 합니다. 자주 말을 걸고 이런저런 얘기도 나눠 가며 허물없이 지내야 합니다. 죽음이 다가온다고 해서 문을 닫아 버리면 우리는 더 큰 두려움에 휩싸이게 됩니다.

어떤 분이 이 그림책을 보는데 배우자가 그러더랍니다. "아니, 하고 많은 책 중에 왜 죽음에 대한 그림책을 보는데?" 여러분은 어떻게 생각하시나요? 저는 이러한 분위기를 극복하기 위해서 제도적으로 공론화의 장을 마련해야 한다고 생각합니다. 학교나 도서관, 청소년 센터나 노인복지 센터 등 공공 기관이 앞장서 스스럼없이 죽음을 이야기할 수 있도록 해야 합니다. 평생교육 플랫폼에서도 죽음에 관한 강좌를 마련해 시민들이 자기 삶을 되돌아 볼 수 있도록 교육이 활발하게 진행되면 좋겠습니다.

개인 차원에서 펼칠 수 있는 공론화의 장도 있습니다. 가장 쉬운 방법은 가족, 지인, 친구와 뉴스나 책, 영화, 시, 그림책에서 접한 죽음에 대해 이야기 나누는 것이겠지요. 죽음에 관해 생각하면 걱정되는 점, 궁금한 점, 작품을 통해서 무엇을 느끼고 깨달았는지 자기만의 문장으로 표현해 봐야 합니다. 저는 오래된 그림책 모임에 참여하고 있습니다. 죽음을 다루는 그림책을 함께 읽고 나누는 기회를 통해 죽음을 대화의 테이블로 자연스럽게 들여놓을 수 있게 됐습니다. 누군가를 잃고 힘들어하는 자신을 내보이기도 하고 가족과 자신의 죽음 준비에 대해 허심탄회하게 얘기하기도 합니다. 어떻게 장례를 치르고 싶은지 생각을 나눠 보거나, 사전연명의료의향서와 관련된 논의처럼 진중한 이야기도 합니다. 때로는 웃음이, 때로는 진지함이 묻어납니다. 서로의 이야기에서 배움이 일어납니다. 그런 시간이 쌓이다 보면 죽음을 대하는 다양한 자세를 접하게 되고 긍정적인 자세와 부정적인 자세를 구별할 수 있게 됩니다. 그런 배움은 삶을 따듯하게 하고 우리를 주체적인 태도로 이끌어 줍니다. 죽음을 피할 수 없다면 알고 대비해야 우리의 마지막 길을 부축해 주지 않을까요?

『나는 죽음이에요』는 마지막으로 우리에게 사랑이라는 존재를 상기합니다. 삶을 포기하고 싶을 만큼 절망적일 때 우리를 지지해 주고 앞으로 나아가게 하는 사랑, 고통의 시간 속에서도 인간의 존엄을 지켜 주는 사랑, 약한 사람들을 배척하지 않고 안아 주는 사랑! 생명이 있는 존재로서 필연적으로 죽음을 만나더라도 누군가를 사랑하고 사랑받으며 살아간 시간은 절대 숨을 거두지 않습니다. 우리는 사랑하기 위해 태어났고, 이 세상을 떠날 때 남기고 갈 수 있는 것도 오직 사랑뿐입니다. 사랑하며 살다가 언젠가 죽음의 방문을 받게 되면 인격적인 그를 믿고 문을 열어 주고 싶습니다. 문 뒤에서 그 친구를 너무 오래 기다리게 하지 않겠다 다짐합니다. 나를 고단하게 했던 짐을 함께 지고 부축해 줄 그와 삶의 문을 나서겠다 생각하면 죽음에 관한 두려움으로부터 한 뼘 더 가뿐해지는 하루가 됩니다.

 **죽음 앞에 의연한 등장인물 만나기**

『할머니의 팡도르』

안나마리아 고치 글, 비올레타 로피즈 그림
정원정·박서영 옮김,
오후의소묘, 2019

팡도르는 이탈리아 빵으로, 쉽게 말해 우리나라의 떡국 같은 음식입니다. 외딴집에 혼자 사는 할머니는 올해도 죽음이 자신을 잊었다고 체념하며 팡도르 만드는 일에 전념합니다. 하지만 사신은 할머니를 잊지 않았습니다. 어느 날 할머니를 찾아와 함께 가자고 청합니다. 할머니는 두려워하는 기색 없이 오히려 사신에게 팡도르를 권합니다. 할머니 곁에서 평생을 기다려 온 사신은 저물어 가는 한 해에 생의 달콤함을 음미하게 해 주는 음식인 팡도르를 먹으며 할머니를 다시 기다려 줍니다. 마침내 새빨갛게 빛나는 팡도르를 남겨 두고 자루에 들어가는 할머니, 그런 할머니의 뒤꿈치를 받쳐 올려 주는 죽음의 모습이 따뜻하게 다가옵니다.

　빨강, 검정, 파랑 세 가지 색연필만으로 그린 그림은 독특한 분위기를 자아내고, 죽음 앞에서 의연하게 대처하는 할머니는 왠지 모르게 유쾌합니다. 우리에게 죽음이 찾아온다면 우리는 당당히 "기다려라." 하며 묵묵히 할 일을 할 수 있을까요?

『여행 가는 날』

서영 글·그림
위즈덤하우스, 2018

어느 날 할아버지 집에 손님이 찾아옵니다. 손님은 등불을 들었고, 어린아이 같은 모습을 했습니다. 할아버지가 떠날 여행에서 길을 잃어버리지 않게 도와주는 임무를 띄었지요. 바로 사신입니다. 할아버지는 어서 오라며 오히려 죽음을 반깁니다.

할아버지의 여행은 돈도 필요 없고, 아픈 사람도 자유롭게 갈 수 있는 것입니다. 먼저 세상을 뜬 할머니가 마중을 나온다며, 할아버지는 단장을 하고 지난 추억을 떠올립니다. 부모님도 만날 수 있지 않을까 기대합니다. 할아버지에게 죽음은 두려움의 대상이 아닙니다. 그리운 사람을 만나러 가는 여행길입니다. 등불을 손에 든 아이가 동행하고 있어 초행길이 든든합니다.

팔순인 어머니와 함께 읽은 그림책입니다. 어머니는 죽음이 찾아

오면 그리운 사람을 만나러 기쁜 마음으로 떠나겠다며, 안 가겠다고 버티지 않을 거라는 감상을 남겼습니다.

『때가 되면 자연으로 돌아가요』

채인선 글, 이준섭 그림
신남식 감수, 한울림어린이, 2016

논픽션 그림책으로, 인간이 갖고 있는 죽음에 대한 거부감과 두려움을 다시 생각해 보게 합니다. 알을 낳자마자 제 할 일을 다했다며 기꺼이 죽어 가는 동물, 자신의 몸을 갓 태어난 새끼에게 내주는가 하면 적으로부터 집을 지키고 자랑스럽게 죽는 동물도 있습니다.

   어느 동물 하나 죽음이 두렵다고 자연으로 돌아가는 것을 거부하거나 생명을 연장하려고 하지 않습니다. 동물들의 마지막 모습은 죽음이 과연 무서운 것이고 두려운 현상인가 질문을 품게 합니다. 인간 역시 언제, 어디에서, 어떤 이유로 죽을지 모르는 나약한 동물입니다. 죽음으로부터 있는 힘껏 도망치려는 우리들의 모습을 생각하면 자연의 일부로서 의연하게 대처하는 동물들이 경이롭게 느껴집니다.

2장

긴 여행을 준비하는
이들을 위해

아이들은 가족을 사랑하고,
함부로 대하지 않고, 불평하지 않는 일이
곧 죽음을 준비하는 것이라고 말했습니다.

무엇을 남기고
갈 것인가요?

　류시화 시인이 인도 우화를 모아 정리한 책 『신이 쉼표를 넣은 곳에 마침표를 찍지 말라』에는 죽음을 몹시 두려워한 인물이 등장합니다. 그의 이름은 아므리타, 불멸이라는 뜻입니다. 아므리타는 죽음을 어떻게든 피해 보려고 애를 씁니다. 금욕 생활도 하고, 명상도 하고, 죽음의 신에게 기도도 하죠. 정성을 높이 산 신은 그에게 죽음이 가까이 왔음을 알아차릴 수 있는 예지력을 주기로 합니다. 정신적, 물질적 유산 등을 정리하고 신에게 예를 올리며 세상을 떠날 준비를 하도록요. 대신 아므리타가 신의 편지를 받자마자 지체 없이 떠나야 한다는 단서를 답니다.

　안심한 아므리타는 죽음의 신에게 잘 보이려고 해 왔던 모든 것을 제쳐 둡니다. 세월이 흘러 흰머리가 나고, 치아가 흔들렸는데도 개의치 않았지요. 주위에서 인생의 마지막을 준비하라고 권고했지만 아랑곳하지 않습니다. 세월이 더 흘러 아므리타는 시력이 점점 흐릿해졌고 지팡이 없이는 걷지도 못할 만큼 노쇠해졌습니다. 뇌졸중으로 몸이 마비되었지만 여전히 편지를 기다리기만 했지요.

 마침내 운명의 시간이 되어 죽음의 신이 아므리타를 찾아왔습니다. 아므리타는 편지를 받지 못했다며 항의합니다. 신은 아므리타의 '몸'이라는 종이에 '신체 변화'라는 펜으로 편지를 썼다고 받아칩니다. 감각에만 탐닉하며 오로지 즐기기 위한 삶을 살아가느라 편지를 알아차리지 못한 쪽은 아므리타였던 것입니다. 후손들을 위한 유산은 물론 가족과 지인과 나눌 따듯한 추억 하나 남기지 못하고 신에게 부름을 받게 되었지요.

 아므리타에게 읽어 주고 싶은 그림책이 바로 『할머니가 남긴 선물』입니다. 지혜롭게 죽음을 준비하는 할머니 돼지와 손녀 돼지가 등장하지요. 조부모 세대에게는 '인생을 마무리한다는 것'을, 자녀 세대에게는 '이별을 준비한다는 것'을 생각해 보게 합니다. 연령에 따라 다른 메시지를 읽을 수 있는 그림책입니다.

할머니가 손녀에게 남긴 것

할머니와 손녀는 단둘이 살아가며 오랫동안 서로의 유일한 보호자이자 친구가 되어 준 것 같습니다. 할머니와 함께 살 수 있다면 싫어하는 옥수수 귀리죽만 먹어도 좋은 손녀. 그림책은 두 사람의 소박하고 정갈한 일상에서 시작합니다. 하지만 그 일상에 곧 균열이 생기고 말지요. 손녀가 여느 때처럼 아침상을 차려 두었는데도 할머니가 일어나지 못하게 된 것입니다.

어느 날, 침대에 누워만 있던 할머니는 손녀와 같이 집을 나섭니다. 할머니는 도서관에 들러 책을 반납합니다. 다른 책을 새로 빌리지는 않았지요. 은행에서 돈을 전부 찾아 외상값도 갚고, 남은 돈을 손녀에게 줍니다. 손녀 돼지는 웃으려고 하지만 마음처럼 되지 않습니다. 울지 않기로 한 약속은 지키기 힘든 것이었습니다.

손녀와 할머니는 함께 걷습니다. 할머니는 때때로 걸음을 멈춰 풍경을 보고 자연의 소리를 듣고 냄새를 맡습니다. 햇살에 반짝이는 나뭇잎, 수다쟁이들처럼 모여 있는 구름, 정자가 비쳐 드는 연못을 손녀와 둘러보지요. 자신이 떠나도 손녀가 자연의 경이로움을 잊지 않길, 자신의 빈자리를 함께 걸었던 기억으로 채울 수 있길 바랐는지도 모릅니다. 한 폭의 멋진 수채화처럼 펼쳐지는 그림이 자연의 생명력을 여실히 전해 줍니다. 덩그러니 혼자 남아 외롭게 살아갈 손녀에게 자연이 주는 위로를 미리 보여 주고 세상을 떠나려는 할머니 돼지의 깊은 속마음을, 손녀는 알까요?

시종일관 담담한 어조로 가슴을 먹먹하게 만드는 이 그림책을 아이들에게 읽어 주기로 했습니다. 5학년 아이들과 함께 읽

『할머니가 남긴 선물』

론 브룩스 그림, 마거릿 와일드 글, 최순희 옮김, 시공주니어, 1997

삶의 마지막을 의연하게 준비하는 할머니 돼지의 모습이
깊은 울림을 줍니다.
어쩌면 죽음을 준비한다는 것은
남겨질 사람들을 위해 필요한 일일지도 모르겠습니다.

수다쟁이 구름을 보여 주는 할머니 돼지. 할머니가 그리운 날 손녀 돼지가 문득 하늘을 올려다보며 이 기억을 떠올릴 수 있겠지요?
ⓒ『할머니가 남긴 선물』, 론 브룩스, 마거릿 와일드, 1997, 시공주니어

으며 보니 무덤덤한 성향의 아이들이 먼저 눈시울을 붉히는 모습이 눈에 띄었습니다. 아이들 모두 이야기 속으로 꽤 깊숙하게 들어와 있었지요.

"제목이 '할머니가 남긴 선물'인데 너희는 그 선물이 무엇이라고 생각하니?"

"새, 햇살, 구름, 나무, 바람에게 할머니가 자기 대신 손녀를 위로해 주라고 한 것 같아요. 손녀가 혼자 살면서 힘들 때 할머니와 같이 봤던 걸 생각할 거예요."

"저는 할머니가 주신 사랑이라고 생각해요. 할머니는 손녀에게 '널 사랑한다'고, '그걸 잊지 말라'고 말하고 싶었을 거예요."

"죽음은 두려운 존재일 수 있지만 삶이라는 보석을 닦아 주는

수건이라고 생각하게 되었어요. 삶을 더 빛내 주니까요. 우리가 책을 읽고 죽음에 대한 편견을 깬 일이 할머니의 선물이에요."

"할머니도 선물을 남겼지만 손녀도 선물을 줬다고 생각해요. 할머니에게 울지 않겠다고 약속했잖아요. 할머니는 혼자 남을 손녀를 많이 걱정했을 텐데 가장 좋은 선물이었을 거예요. 저도 다음에 부모님과 이별할 때 이 말씀을 꼭 드릴래요. 너무 많이는 울지 않겠다고요."

아이들은 선생님의 생각도 궁금해했습니다. 할머니가 떠나면 손녀는 할머니의 따뜻한 품을 더 이상 느끼지 못하겠지요. 대신 손녀가 살아가는 데 중요한 원동력이 될 것들을 남겨 주었습니다.

"할머니는 손녀에게 자연의 넉넉한 품을 선물로 주셨어. 나무, 구름, 연못, 비가 주는 위로와 응원을 몸으로 느끼게 알려 줬잖아. 자꾸 자연과 대화를 하다 보면 자연의 신비로움과 아름다움도 발견하는 방법도 잘 알게 될 거야."

우리는 왜 죽음을 준비해야 할까요?

하루가 저물고 밤이 찾아옵니다. 손녀 돼지는 오늘이 마지막임을 예감하고 할머니 돼지를 안고 함께 눕고 싶다고 합니다. 어렸을 때 나쁜 꿈을 꾸면 할머니가 침대로 들어와 껴안아 주던 일을 생각했지요. 아이들은 이 장면을 두고 할머니뿐만 아니라 손녀도 죽음을 준비했다고 의견을 모았습니다. 죽음을 준비하는 것은 '떠나는 사람'뿐만 아니라 '남겨질 사람'에게도 필요하고, 그래서 어른뿐만 아니라 어린이도 그 과정을 거쳐야 한다는 이야기가 나왔지요.

한 아이가, 자신을 돌봐 주었던 유일한 사람이 갑자기 세상을 떠난다면 무섭고 슬프고 외롭기 때문에 어린이도 마음의 준비를 해야 한다고 말했습니다. '어린아이라고 죽지 않는 건 아니므로 우리의 죽음도 준비해야 한다'는 이야기까지 나왔습니다. 한창 자랄 나이의 아이들이 죽음을 지나치게 가까이 인식하게 되는 것은 아닐까. 그 감각이 지속적인 공포로 이어지지는 않을까 우려되었지요. 하지만 아이들은 삶의 소중함을 여실히 느끼고 있었습니다. 아이들은 가족을 사랑하고 함부로 대하지 않고, 불평하지 않는 일이 곧 죽음을 준비하는 것이라고 말했습니다. 가족을 싫어하는 마음만 가득하다면 갑자기 이별해야 할 때 너무 후회할 거라고요.

죽음과 관련된 책이나 영화를 함께 보고 서로의 의견을 나누는 이런 자리도 어쩌면 '준비' 과정일지도 모릅니다. 우리 반 지민이는 주말을 늘 할머니 댁에서 보내는 아이였습니다. 할머니가 돌아가셔서 학교를 결석하게 되었는데, 후에 들어 보니 뜻밖에도 아이가 힘든 시간을 잘 극복하더라는 겁니다. 지민이가 『할머니가 남긴 선물』을 읽고 쓴 글이 생각났습니다. 할머니의 선물을 '혼자 할 수 있는 힘'이라고 썼죠. 손녀의 곁에 있는 존재들을 '할머니가 살아 계실 때 손녀를 위해 준비한 친구'라고 하면서요. 이 책을 읽을 때만 해도 할머니와 이별을 생각 못 했을 지민이. 어쩌면 이것이 지민이의 '죽음 준비'였을 수도 있습니다. 그림책을 읽고 친구들과 이야기를 나누고 글로 쓰면서 이별을 준비한 셈이죠.

 삶의 가치는 죽음을 인식할 때부터 생깁니다. 살아 있을 때는 모르던 한 인생의 의미와 소중함은 죽음을 생각할 때 더욱 크게 다가옵니다. 죽음을 향한 태도는 곧 삶을 향한 태도입니다. 인도 우화 속 아므리타는 신과 거래한 이후 죽음을 진지하게 받아들이지 않았지요. 그의 삶도 마찬가지로 진지하게 대하지 않았습니다.

 익숙한 일상에 떠밀려 삶의 소중함을 잊어버린 순간, 누군가가 '죽음을 어떻게 준비하고 있나요?'라고 묻는다면 이 그림책을 다시 꺼내 보겠습니다. 할 일이 많다며 집을 나서는 할머니 돼지의 덤덤한 모습은 어쩌면 수많은 연습 끝에 나온 것일지도 모릅니다. 손녀 앞에서 눈물을 보이지 않으려는 연습, 두려움을 드러내지 않으려는 연습, 그 모든 감정을 뒤로하고 손녀에게 살아가는 힘을 일러 주려는 연습을 했겠지요. 우리의 오늘이 바로 그 연습 1일차의 날입니다. 무언가를 배우고 익히며 연습할 수 있는 기회가 주어진 더없이 '새로운 하루'입니다.

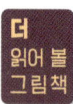 **이별을 앞둔 이들이 준비하는 것**

『오소리의 이별 선물』

수잔 발리 글·그림
신형건 옮김, 보물창고, 2009

오소리는 도움이 필요한 동물 친구들을 그냥 지나치지 못하는 성격입니다. 나이가 많았는데, 연륜이 쌓여서인지 이것저것 많이 알았습니다. 심지어는 세상을 떠날 시간이 가까워졌다는 것도 알았습니다. 그래서 친구들이 마음의 준비를 하도록 편지를 남깁니다. 너무 슬퍼하지 않았으면 좋겠다는 마음으로 쓴 편지입니다.

다음 날, 친구들은 오소리의 편지를 발견합니다. 오소리가 없는 시간을 힘겹게 보내고 눈 녹는 봄을 맞이했을 때, 친구들은 비로소 오소리를 추억합니다. 오소리는 친구들의 도움을 거절한 적이 없는 아주 특별한 존재였던 것입니다.

덤덤하게 삶을 정리하며 편지를 남기는 오소리의 모습이 깊은 여운을 줍니다. 남겨질 사람들 생각하며 죽음을 준비해 나가는 과정이 왜 필요한지 곱씹어 볼 수 있는 이야기입니다.

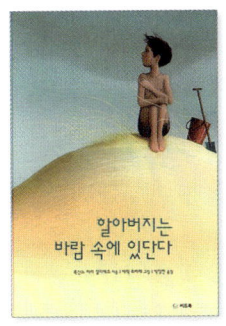

『할아버지는 바람 속에 있단다』

록산느 마리 갈리에즈 글, 에릭 퓌바레 그림
박정연 옮김, 씨드북, 2015

표지에는 모래 언덕 위로 한 소년이 오뚝하니 앉아 있는 모습이 담겨 있습니다. 불어오는 바람 속에서 누가 부르기라도 한 듯 눈을 크게 뜨고 흠칫 놀라는 표정. 소년은 망망대해를 바라보며 이제는 이 세상에 없는 할아버지의 목소리를 듣습니다. 당신이 가고 없는 세상에서 손주가 슬퍼하느라 시간의 흐름을 느끼지 못할까 봐 계절을 준비해 두었다는 할아버지……. 할아버지는 이제 몸이 가벼워졌으니 걱정 말라는 안부를 빼놓지 않습니다.

 시적인 글과 우주의 품 같은 그림은 이 세상의 모든 부모와 조부모의 마지막 편지이자 아름다운 유언입니다. 몸은 죽고 없지만 언제나 바람 속에서 너와 함께 할 거라는 포옹입니다. 가만히 책장을 넘겨 여행을 떠나는 사람들이 남긴 이야기에 귀 기울여 보길 바랍니다. 남은 사람들이 어떤 표정으로, 어떤 마음으로 하루하루 살아가길 바라는지 당부하는 목소리를 들을 수 있습니다.

『애니의 노래』

미스카 마일즈 지음, 피터 패놀 그림
노경실 옮김, 새터, 2002

애니는 부모님과 늙은 할머니를 모시고 아메리카 원주민 마을에 삽니다. 어느 날 할머니는 지금 짜고 있는 양탄자가 다 될 즈음이면 땅의 어머니에게 갈 거라고 이야기합니다. 가족들에게 자기 물건을 나눠 주기도 합니다. 죽음을 준비하며 베 짜는 일을 손에서 놓지 않는 할머니 모습은 그저 따뜻하고 뭉클합니다. 애니는 할머니의 죽음을 막기 위해 양탄자를 완성하지 못하도록 이런저런 묘책을 씁니다.

학교에서 아이들과 이 책을 읽었을 때 꽤 많은 아이가 애니의 마음에 공감했습니다. 애니와 같은 입장이 되면 누구라도 할머니의 작업을 방해할 거라고 이야기했습니다.

이별을 준비하는 과정은 누구에게나 아픈 시간이지만 절대 거스를 수는 없는, 통과 의례 같은 것입니다. 죽음을 준비하며 조금이라도 오래 눈 맞추고, 조금 더 곁에 있고, 조금 더 많이 말하고, 조금 더 많이 들으며 서로가 함께 있는 기억을 늘리는 것만이 우리의 숙제입니다.

『풍선 사냥꾼』

안니켄 비에르네스 글, 마리 칸스타 욘센 그림
손화수 옮김, 책빛, 2020

침대에서 많은 시간을 보내는 아이. 엄마는 아이에게 사람이 죽으면 천사가 된다고, 천사는 별을 반짝이게 한다고 말해 줍니다. 가족은 함께 천장을 밤하늘로 꾸미기도 합니다. 죽음을 다룬 그림책 중 드물게 '아이'의 죽음을 소재로 삼은 이야기입니다. 비극적이라고만 볼 수 있는 상황을 따뜻하고 뭉클하게 그렸습니다.

언제 이별하게 될지 알 수 없는 상황에서도 눈물보다 웃음을, 차가움보다 따뜻함을, 절망보다 희망을 나누려는 가족의 모습이 많은 것을 생각하게 합니다.

어디에서 죽음을 맞이하고 싶나요?

『세상에서 가장 아름다운 이별』은 제가 죽음교육을 할 때 매우 중요한 그림책으로 꼽습니다. 그림책에 포함시켰지만 사실 사진집에 더 가까운 작품이라고 할 수 있지요. 흑백사진과 짧은 글로 이루어진 책입니다. 다발성 골수종이라는 혈액암 때문에 1년 정도밖에 살지 못한다는 통보를 받은 할머니 '엘마'가 자택에서 투병하며 죽음을 준비하는 시간에 관한 이야기입니다. 휴먼다큐멘터리 작가 오츠카 아츠코가 엘마와 두 달 동안 같이 지내며 '할머니가 저편 세상으로 발을 들여놓는 모습'을 담았습니다.

실존 인물의 이야기를 사진으로 생생하게 보여 주고 있는데 화자는 독특하게도 사람이 아닌 반려묘 '스타키티'입니다. 작가는 할머니가 고양이에게 유독 남다른 정이 있었다는 점을 생각하며 가족과 하기 어려운 얘기도 스타키티와 나누지 않았을까 상상했다고 합니다.

할머니가 떠난 뒤에도 '무심코 할머니를 불렀다'는 고양이 이야기를 더 듣고 싶었습니다. 저는 학교에서 마인드맵, 짧은 독후감 등 다양한 형식으로 아이들의 독후 활동을 안내해 왔는데 이 독서를 갈무리하며 스스로 가상 인터뷰를 남기기로 했습니다. 인터뷰어가 되어 스타키티를 만나기로 한 것이죠.

스타키티와 가상 인터뷰 "엘마 할머니의 마지막 1년"

Q. 엘마 씨는 혈액암 치료가 불가능하다는 소식을 접하고 그 사실을 어떻게 받아들였나요?

A. 제 얼굴을 보며 '내 생명은 앞으로 1년 정도일 테니까 이것저것 준비를 해야겠네.'라고 담담하게 말했어요. 죽음은 영혼이 몸을 떠나 다른 곳으로 가는 여행이라 생각했고요.

Q. 시한부 선고를 받으면 두려워하고 슬퍼하기 마련인데 할머니의 반응이 놀라워요. 엘마의 일상은 어땠는지도 궁금합니다.

A. 할머니는 딸 다섯을 키웠고, 예순다섯 살까지 계속 일을 해서 가족을 보살폈어요. 그 역사를 기록하기 시작했지요. 남겨 두지 않으면 기억은 사라지니까요. 할머니는 화장도 하고, 노인 클럽도 나가고, 화초도 계속 가꿨어요. 특별한 것은 없었어요. 죽음으로부터 달아나려 하지 않고 살아오던 대로 살아가는 것, 그것이 할머니의 '죽음 준비'였어요.

Q. 마지막까지 즐기며 살고 싶다고 한 바람을 실천하기 위해 노력하셨네요. 몸이 아픈 상태에서 집에 머문다는 결정은 큰 모험이었을 것 같기도 해요. 하루라도 더 살기 위해 의료적인 처치를 받길 원하는 사람도 많죠.

A. 할머니도 상태가 악화돼 5일이나 입원했던 적이 있어요. 퇴원하고 나서 자신은 충분히 오래 살았다고, 때가 되면 조용히 눈을 감고 싶다고 이야기했지요. 의료 기구를 달아 생명을 연장시키지는 말아 달라고요. 의식 잃을 때를 대비해서 '리빙 웰(우리나라의 사전연명의료의향서 같은 역할을 하는 문서. 연명만이 목적인 치료에 관한 의사를 기록한 것으로, 법적 효력을 지니며 우리나라는 만 19세 이상이면 관련 기관에서 누구나 작성할 수 있다.)'에 직접 서명도 했어요."

Q. 리빙 웰에 서명하지 않은 상태에서 의식을 잃고 혼수상태에 들어갔다면 남은 가족들은 무척 당혹스러웠을 거예요. 어떤 선택이든 '엘마를 위해' 내린 결정이었을 텐데도 마음이 불편했겠지요. 엘마가 자기 의사를 표현했을 때 가족들 반응도 궁금해요.

A. 가족들은 그저 존중했어요. 할머니가 마음 편히 다른 세상으로 갈 수 있도록 슬픈 얼굴을 보이지 않았고 즐겁게 하려고 익살을 부리기도 했어요. 그 덕분인지 할머니는 몸을 움직일 수 없는 상황에서도 우울해하거나 죽음을 무서워하지 않았고요. 저도 많이 슬펐지만 얼마 남지 않은 시간을 덤덤하게 함께하

『세상에서 가장 아름다운 이별』

오츠카 아츠코 사진 · 글, 송영빈 옮김, 글로세움, 2006

유럽, 미국, 일본 등에서 죽음준비교육을 하거나
웰다잉 관련 이야기를 할 때 빼놓을 수 없는 화두,
'임종 장소'를 생각해 보게 합니다.
어디에서 죽을 것인지 진지하게 생각하는 일은
내가 어떻게 기억되고 싶은지 정립하는 과정이기도 합니다.

고 싶었어요. 나를 무릎 위에서 다정하게 쓰다듬어 줄 때, 할머니가 어떤 마음이었는지 알 것 같아 슬프면서도 이게 사랑이 아닐까 생각했어요.

Q. 가족들이 엘마의 임종기를 그저 평범한 일상처럼, 엘마의 보통날처럼 만들어 주었군요. 어떤 사람들은 임종기를 집에서 보내더라도 임종의 순간에는 심한 통증이나 호흡 곤란을 겪을까 봐 병원에서 고통을 완화하길 바라기도 해요. 엘마는 돌아가시던 날을 어떻게 보냈나요?

A. 숨을 거두기 며칠 전이었어요. 할머니는 죽을 날을 정했다면서 그 날짜를 적어 숨겨 뒀으니까 자신이 떠난 다음 찾아보라고 했죠. 어느 날에는 코피를 많이 흘렸는데 병원에 가지 않겠다고, 이대로 두라고 했어요. 그때 '할머니가 정한 날'이라는 걸 예감했죠. 할머니가 거의 의식이 없었을 때 호스피스가 와서 할머니를 편안하게 해 주었어요. 할머니는 조용히 숨을 거두었고요.

Q. 엘마가 떠난 다음 날, 스타키티가 무심결에 엘마를 부르기도 했죠. 사랑하는 사람을 잃으면 처음에는 그 사실이 믿기지 않는다고 해요. 엘마가 집에서 차근차근 임종을 준비했다는 사실이 가족의 슬픔과 상실감을 덜어 주지는 못했을 거예요.

A. 그래도 할머니와 평소에 죽음에 관한 이야기를 많이 나눠서 가족이 추모의 시간을 잘 보낼 수 있었다고 생각해요. 할머니 유언대로 유해와 장미꽃을 바다에 함께 뿌렸어요. 가족과 친

구들은 할머니 집에 모여 추억을 나누기도 했고요. 한동안은 힘들겠지만 할머니는 제가 여전히 잘 살아가길 바라고 있겠지요. 나중에 할머니를 만나면 같이 살 수 있어서 즐거웠다고 이야기하고 싶어요.

인터뷰 형식의 독서 기록을 정리하며 엘마가 사랑을 듬뿍 남기고 떠났음을 다시 한번 되새겼습니다. 엘마의 임종기를 관통하는 중요한 키워드는 바로 '공간'입니다. 화장을 하고, 반려동물을 쓰다듬고, 가족들과 함께 웃는 일상적인 일들이 모두 집이라는 공간에서 이루어지지요.

리빙 웰에 서명하게 된 시점도 병원에서 집으로 돌아왔을 때, 즉 공간이라는 키워드와 연결되어 있습니다. 엘마가 삶의 존속 여부를 선택하는 일은 다시 말해 '어디에서' 살고 죽을 것인지 결정하는 일과 동일어였던 셈입니다.

삶의 마지막을 어디에서 보낼 것인가

'임종 장소'를 두고 여러 담론이 오가는 시대, 어디에서 삶을 마감하느냐 하는 질문은 매우 중요한 화두입니다. 여전히 많은 사람들이 집에서 가족들의 배웅을 받으며 삶의 마침표를 찍고 싶어 합니다. 하지만 현실은 다릅니다. 의술이 발달할수록 치료에 힘을 쏟는 일을 당연하게 생각해 병원에서 죽음을 맞이하는 경우가 늘어나지요. 여러 여건상 가족에게 돌봄을 기대하기 어려워 요양 시설에서 마지막을 보내는 사람도 많습니다.

한 노인복지센터에서 죽음을 다룬 그림책으로 강연했을 때 수강생들과 이 주제로 이야기할 기회가 있었습니다. 나이 지긋한 수강생들은 의외로 임종 장소로 집을 선택하기 꺼려했습니다. "가족을 힘들게 할까 봐 내 생각을 말하기 어렵다" "자식 입장에서는 끝까지 치료를 해야 후에 죄책감이 안 들 것 같다" 등의 이야기가 나왔습니다.

임종 장소의 변화를 다룬 기사나 다큐멘터리 등을 보면 집에서 죽음을 맞이하던 풍습이 점점 사라지는 것을 부정적이고 안타까운 시선으로 바라보는 듯한 느낌을 받습니다. 하지만 개개인의 삶으로 들어가면 정답은 정해져 있지 않다는 사실을 알 수 있지요. 누군가는 가족의 돌봄을 바라지만 누군가는 가족에게 짐이 되는 일이 죽기보다 싫다며 사회적 돌봄을 원하기도 합니다. 약물이나 의료 기기의 도움을 통해 죽는 순간의 고통을 조금이라도 덜길 바라는 사람도 있습니다. 엘마는 연명치료에 동의하지 않았지만 반대로 죽음을 최대한 미루고 싶은 사람도 있을 것입니다. 최선을 다해 환자를 살리는 일이 직업윤리인 의사에게도 환자를 집으로 보내도 될지 결정하는 일은 결코 쉽지 않습니다.

하버드 의과대학 교수이자 연구자인 안젤로 E. 볼란데스는 그의 저서 『우리 앞에 생이 끝나갈 때 꼭 해야 하는 이야기들』에서 '당하는 죽음'이 아닌 '맞이하는 죽음'을 위해 많은 대화를 나눠야 한다고 이야기합니다. 임종기를 맞이한 사람과 죽음에 관한 이야기를 또렷하게 나누기는 현실적으로 어렵습니다. 극심한 고통이 이어지고 있어서 자신이 무엇을 원하는지 명확하게 판단하기 어렵고 의사표현 능력도 건강할 때보다 저하되어 있으니까요. 그런데도 우리는 죽음을 이야기하길 끝까지 미룹니다.

볼란데스 박사는 죽음에 관해 대화하며 다음 질문을 생각해 보라고 권합니다. 자신이 삶에서 중요하게 생각하는 것이 무엇인지, 건강하게 생활할 수 없을 때 피하고 싶은 의료적 처치는 무엇이 있을지, 삶과 죽음과 관련한 종교적이고 문화적인 신념이 있는지, 더 오래 사는 것과 삶의 질을 높이는 것 중 하나만 선택한다면 무엇을 꼽고 싶은지 등입니다.

여기에 더해 '나의 임종을 어디에서 맞이하고 싶은가?' 하는 질문도 중요합니다. 물론 우리 사회는 돌봄 지원을 제공하는 데에 아직 한계가 많습니다. 엘마 할머니처럼 지내길 원하는 사람도, 의료적인 처치를 계속해서 받고 싶은 사람도 모두 원하는 곳에서 삶을 마무리할 수 있다면 얼마나 좋을까요. 그 모든 선택지가 공평하게 주어지는 세상을 기대합니다. 누구나 바라는 모습으로 임종을 맞는 사회가 되려면, 죽음에 관해 이야기하기를 터부로 여기지 않아야 한다고 힘주어 말하고 싶습니다. 저마다의 '좋은 죽음'을 터놓고 말하고, 가치관을 확립하고, 그 생각들을 공론화하는 데에서 새로운 제도, 새로운 윤리가 만들어질 수 있을 테니까요.

 **임종 장소에 관해 생각해 보기**

『어느 늙은 산양 이야기』

고정순 글·그림
만만한책방, 2020

세상을 떠날 날이 가까워졌다는 것을 알게 된 산양은 '죽기 딱 좋은' 곳을 찾아 떠나기로 합니다. 들판을 가 보기도 하고 절벽을 가 보기도 합니다. 시원한 강가에서는 물에 비친 자기 모습을 보고 세월의 무색함을 확인하기도 합니다. 산양은 여기저기 다닌 탓에 기운이 떨어져 집에서 잠시 쉬기로 하는데, 그리고, 그리고…….

왜 산양에게 들판, 절벽, 강가는 죽기 좋은 장소가 아니었을까요?

젊었을 때 들판을 호령하기도 했고, 건강했을 때 절벽을 단숨에 오르기도 했는데 말입니다. 한껏 뛰어다닌 후 마신 강물은 목을 축이는 데 안성맞춤이기도 했을 것입니다.

무엇이 산양을 등 돌리게 했는지 생각해 보면 우리가 임종 장소를 정할 때 어떤 가치를 우선으로 둬야 하는지 생각해 볼 수 있을 것입니다.

영혼은 실제로 존재할까요?

아이들은 영혼에 관한 이야기를 좋아합니다. 영혼이라는 말을 일부 종교나 문화에 한정된 개념으로 느끼지 않고 넓은 의미에서 일련의 정신과 감정을 가진, 눈에 보이지 않는 존재로 받아들이지요. 아스트리드 린드그렌의 동화『사자왕 형제의 모험』을 함께 읽었을 때 어떤 활동을 해 보고 싶냐고 물었더니 글쎄 영혼에 대한 소설을 쓰자고 하지 뭡니까? 이 대단한 계획을 몇몇은 온라인에서 함께 실현하기도 했습니다. 그중 한 아이가 물었습니다.

"선생님, 이 그림책에는 영혼이 에너지라는 말이 나오는데, 정말 그래요?"

일본의 유명한 시인 다니카와 슌타로가 쓴『죽음은 돌아가는 것』이야기입니다. 어느 날, 아이의 할아버지가 돌아가셨습니다. 몸을 만져 보니 너무 차갑습니다. 아이는 할아버지가 눈앞에 보이지 않지만 어딘가에 계실 것만 같습니다. 그곳은 어디일까요? 하늘나라에 가셨다는 말도, 아이의 마음속에 있다고 하는 말도 믿기지 않습니다. 아이는 죽은 사람의 영혼을 불러 그 사람의 목소리로 말을 한다는 할머니 이야기를 떠올립니다. 그렇다면, '영혼'이라는 것은 정말 있을까요? 영혼은 마음 같은 걸까요? 볼 수도 만질 수도 들을 수도 없는데 우리는 어떻게 영혼이 있다는 사실을 알까요?

할아버지의 흔적에서 느껴지는 것

생각해 보면 세상에는 눈에 보이지 않지만 존재하는 것들이 많습니다. 이 책에서도 아이는 중력, 전파, 마음의 형태를 볼 수는 없지만 그 존재를 느낄 수 있고, 실제로도 있다는 것을 안다고 하지요. 아이는 사진으로 할아버지 얼굴을 보고, 녹음된 할아버지 목소리를 들으며 마음에 무언가 느껴지는 것을 인식합니다.

작가는 초등학교 6학년 때 할아버지가 돌아가셨다고 합니다. 몸이 사라져도 영혼이라는 것이 계속 존재할까 궁금했던 작가는 그 답을 '믿는다는 것'에서 찾으며 이 이야기를 썼다고 전합니다. 무엇인가를 사유한다는 것은 그 '무엇'의 존재를 믿는 사람에게 가능한 일이겠지요. 영혼이 있다고 생각하는 사람과 영혼이 없다고 생각하는 사람의 사유도 크게 다를 것입니다.

『죽음은 돌아가는 것』

다니카와 슌타로 지음, 가루베 메구미 그림, 최진선 옮김, 너머학교, 2017

할아버지가 돌아가신 후, 아이는 죽음에 관해 궁금한 것이 많습니다.
그중 '영혼'에 관해서도 깊이 있게 생각할 만한 질문이 등장합니다.
과학적 근거 여부나 종교와 문화의 차이를 뛰어넘어
죽음과 실존에 관한 사유를 이끌어 내는 그림책입니다.

그림책 감상을 나누는 시간이 되자 아이들은 영혼이 '있다' '없다'로 편을 갈라 의견을 내세웠습니다. 어떤 아이는 나름대로 이해한 진화론을 근거로 들어 사람의 생각과 마음은 두뇌가 발달한 결과이지 영혼 때문은 아니라고 발표했습니다. 그림책에서 아이가 이야기한 '할머니' 즉 영매를 근거로 들어 영혼이 존재한다고 보는 아이도 있었지요. 죽음과 영혼에 대한 아이들 관심은 생각보다 훨씬 다양하고 깊다는 사실을 알게 됐습니다. 의견 대립이 계속되었을 때, 한 아이가 일어서서 말했습니다.

"영혼이 있는지 없는지는 아직 몰라요. 그런데 만약 엄마가 돌아가셨다고 했을 때 영혼이 없다고 생각하면 너무 슬플 것 같아요."

이 이야기는 큰 메시지를 전해 주었습니다. 작가가 이야기한 '믿는다는 것'과 연결되는 지점이기도 합니다. 누군가가 죽음에 이르면, 우리는 그의 육신이 어떻게 되는지 알 수 있지만 육신과 대비되는 개념으로서 영혼이 어떻게 되는지는 명확하게 알 수 없습니다. 영혼이 실재하는지 탐구하는 일은 죽음의 영역을 탐구하는 것이지만 동시에 삶의 영역을 탐구하는 것이기도 합니다. 남아 있는 사람들의 일상에 고인의 흔적을 어디까지 허용할 것인지 정하는 '선택'의 문제이겠지요. 영혼을 믿지 않는 입장이라면 고인이 남긴 물리적인 자취만을 인정할 것이고, 영혼을 믿는 입장이라면 눈에 보이지는 않지만 고인과 함께하고 있다고 생각할 것이고요.

아이가 계속 말을 이었습니다.

"영혼을 믿는다고 내가 손해를 보거나 남에게 피해를 주는 것도 아니니까 사는 동안에는 영혼이 있다고 믿을래요. 사실이든 아니든 상관없이요. 사랑하는 사람을 잃었을 때 그 사람들이 곁에 있다고 믿으면 덜 외로워하고 덜 슬퍼할 것 같아요"

아이들은 영혼이 있다는 의견에 퍽 마음이 쏠리는 모양이었습니다.

"뉴스에서 안타까운 죽음을 볼 때면 저는 그 사람들이 죽어서라도 좋은 데로 갔으면 좋겠다고 바라게 돼요. 그게 바로 영혼을 믿는 데서 나온 생각이 아닐까요? 영혼이 있다고 생각하면 마음도 덜 아프고요."

"선생님, 그림책에서 아이가 돌아가신 할아버지 몸을 만져 보기도 하잖아요. 죽음을 무서워할 수 있지만 할아버지를 생각하는 이야기라서 왠지 따뜻해요. 저는 영혼이 있다고 믿고 싶어요. 언젠가 우리 할아버지가 돌아가시면 아이 엄마가 들려준 것처럼 할아버지의 몸은 볼 수 없지만 영혼은 내 곁에 있다고 믿고 조금만 울 거예요."

열두 살 아이들의 논쟁은 영혼의 유무에서 '육체가 중요하냐, 정신이 더 중요하냐?'는 철학적인 문제로까지 이어졌습니다. 하나로 귀결되는 정답은 없습니다. 아이들은 언제 죽음에 대해 얘기했냐는 듯 점심을 먹고 축구로 몸을 격하게 부딪치며 놀았습니다.

영혼의 존재 여부를 둘러싼 이야기들

과학적으로 영혼을 증명하려는 시도는 아시아와 유럽을 막론하고 역사적으로 꾸준히 이어져 왔습니다. 가장 기억에 남는 이야기를 꺼내 보자면 '영혼의 무게는 21그램'이라는 주장입니다. 보이지 않는 영혼에 무게가 있다니, 무슨 말인가 싶죠? 미국 매사추세츠병원 의사인 던컨 맥두걸이 1907년에 발표한 주장으로 당시 만만치 않은 파급을 일으켰습니다. 맥두걸은 사람이 죽고 나서 영혼이 몸을 빠져나간다면 그 무게를 측정할 수 있지 않을까 생각했습니다. 초정밀 측정이 가능한 저울을 사용해 임종의 순간, 환자의 무게를 측정했고 환자가 숨을 거둘 때 체중이 감소한다는 결론을 얻었지요. 사람의 몸은 죽음에 이르게 되면 수분이나 열을 배출하는데 그 양을 감안해도 약 21그램이 더 줄어들고, 그것이 바로 영혼의 무게라고 본 것입니다.

 물론 이 실험은 오늘날 과학적 근거가 부족하다고 평가받습니다. 맥두걸 박사가 무게를 잰 사람이 여섯 명밖에 되지 않고 인간의 몸무게에 비교하면 21그램이라는 변화치가 미세해 신뢰하기 어렵다는 이유에서입니다. 역사적 해프닝으로 남은 이론이긴 하지만, 지금보다 한 세기나 앞선 시대에도 영혼을 둘러싼 사람들의 관심이 높았다는 점만큼은 흥미롭습니다.

『죽음은 돌아가는 것』에서 다니카와 슌타로는 '에너지'라는 단어를 언급하는데요. 그림책에서 아이의 아빠는 우리 몸이 물질이라면 영혼은 에너지라고 이야기합니다. 아이는 할아버지의 사진, 목소리가 녹음된 비디오, 직접 쓰고 그린 글과 그림을 보고 마음에 무언가 느껴지는 이유를 이 '에너지'에서 찾습니다. 할아버지 영혼에서 비롯된 에너지가 영향을 주기 때문이라고 생각하지요.

물리학에서는 에너지가 '질량'으로 드러날 수 있다고 보기도 하는데 영혼이 에너지라면 언젠가는 영혼의 질량을 측정하는 날이 올지도 모르겠습니다. 이런 상상을 하는 걸 보니 제 의견도 '영혼이 있다'는 쪽으로 기우는 것 같습니다.

누군가는 가을바람에 일렁이는 억새를 보고, 그리워하는 사람의 영혼이 거기에 머물고 있다고 생각합니다. 힘들 때면 죽은 이의 영혼이 내 삶으로 응원 군단을 보내 준다고 생각하는 사람도 있고요. 물론 사람이 죽으면 육체도 정신도 모두 소멸된다고 생각하는 사람도 있습니다. 가치관을 정하는 데에는 종교나 문화 차이 등이 저마다 다른 영향을 주고 있고, 어느 하나가 더 우위 있는 근거라고 볼 수 없지요. 중요한 건 우리가 떠난 사람들을 기억하고 우리도 언젠가 떠나는 존재임을 잊지 않아야 한다는 점입니다. 죽음은 삶을 단단하게 해 줍니다. 일상을 미루지 않고 현재를 살게 해 줍니다. 우리는 그 안에서 무수한 질문을 주고받으며 성장하고 나와 다른 가치관이 있음을 존중하며 생각의 외연을 넓혀 나가는 존재입니다.

'죽음'의 영역에 있는 존재들

『귀신님! 날 보러 와요』
진수경 글·그림
천개의바람, 2020

영우는 돌아가신 할머니가 귀신의 모습을 해도 좋으니 자신을 만나러 오면 좋겠다고 생각합니다. 영우의 바람은 갖가지 귀신을 다 불러 모읍니다. 물귀신, 도깨비, 드라큘라, 늑대인간, 미이라, 달걀귀신까지! 귀신들은 영우를 놀라게 하려고 하지만 영우에게는 어림도 없었습니다.

통통 뛰는 밀로 귀신을 물리치는 아이의 기지가 웃음을 자아냅니다. 다양한 귀신들이 등장해 티격태격 하는 모습도 재미 포인트입니다. 도깨비는 물귀신 때문에 바지가 젖고, 물귀신의 긴 머리카락을

깔고 앉기도 하지요.

　귀신이라는 존재는 동서고금, 시대를 막론하고 이야기 속에서 공포를 유발합니다. 하지만 영우에게는 돌아가신 할머니를 다시 만날 수 있는 일종의 '형태'라고 할 수 있습니다. 공포의 대상이었던 귀신을 다르게 생각해 보도록 하는 그림책입니다. 우리가 귀신이라는 이름의 존재를 만들어 낸 이유는 망자가 어떻게든 우리 곁에 머물길 바라는 그리움에서 찾을 수 있지 않을까요?

『할아버지의 천사』

유타 바우어 글·그림
유혜자 옮김, 비룡소, 2014

자신의 삶을 돌이켜 보면 하루도 빠지지 않고 천사의 도움이 있었다고 고백하는 한 할아버지의 이야기. 제목과 달리 할아버지는 천사 이야기를 한 번도 언급하지 않습니다. 그러나 그림을 보면 천사의 활약상을 세세히 볼 수 있습니다. 차에 치일 뻔했을 때, 구덩이에 빠질 뻔했을 때, 전쟁에 나갔을 때, 천사는 할아버지 삶에 적극적으로 개입해 왔습니다. 할아버지는 믿기 어려운 일이 일어난 적도 있었던 멋진 인생을 살았다며 회고합니다.

학교에서 아이들과 함께 읽었을 때 처음에는 글만 들려주고 후에 그림을 따로 보여 주는 방식을 택했습니다. 그림에서 천사의 존재를 인식한 아이들은 외마디 탄성을 질렀습니다. '나에게도 천사가 있지 않을까?'라는 기대를 품게 됐다면서 좋아했습니다. 친구도 부모님도 다 천사라고 할 수 있다는 감상도 이야기했습니다.

류시화 시인이 번역한 로나 번의 『수호천사』라는 책에는 이런 이야기가 나옵니다. 천사는 일인당 한 명씩 배치되어 있는 존재가 아니라 세상에 눈송이처럼 가득하다고. '수호천사'가 있다는 생각은 불확실한 미래를 헤쳐 나가야 할 우리에게 용기를 줍니다. 우리는 모두 우주의 일원이자 누군가의 천사입니다.

『엄마가 유령이 되었어!』

노부미 글·그림
이기웅 옮김, 길벗어린이, 2016

이 책은 엄마가 자동차에 부딪혀 유령이 되었다는 이야기로 시작합니다. 가슴 아픈 이야기이지만 따뜻한 색재로 표현된 그림이 독자의 마음을 다독이는 듯 느껴집니다. 아이는 할머니 품에 안겨 엄마가 어디 있냐고, 이제는 엄마가 돌아오지 않느냐고 묻습니다. 엄마 유령은 그런 아이를 지켜봅니다. 밤이 되어, 아이는 엄마 유령의 모습을 보게 되고 함께 이야기도 나눕니다. 엄마는 엄마 입에 코딱지를 넣어서 미안하다는 아이를 타이르기도 하고 엄마가 보고 싶어 엄마 팬티를 입었다는 아이를 난감해하기도 합니다. 유머러스한 페이지를 넘기면 아이가 혼자 해야 할 것들을 조근조근 일러 주는 엄마의 모습이 나옵니다. 엄마도 아이도, 미어지는 마음을 안고 이별을 받아들일 시간입니다.

　작가는 사랑하는 사람을 떠나보내 슬프고 힘든 마음을 아이들이 그림책을 통해 발산시키는 일이 중요하다고 말했습니다. 누군가를 잃은 아이들에게는 그 사람이 일상에서 아예 사라졌다고 생각하기보다 유령이라는 가상의 존재로 우리 곁에 머문다고 생각하는 쪽이 큰 위로로 다가오기도 합니다. 유령이 된 엄마를 통해 아이가 사랑을 확인하듯, 우리도 가상의 존재를 통해 떠난 이의 사랑을 되새기고 기억할 수 있습니다.

죽음 너머의 세계가
있을까요?

죽음을 소재로 한 그림책을 읽을 때면 빠지지 않고 나오는 화두가 있습니다. 바로 사후세계에 관련된 이야기입니다. '우리가 죽고 나서 어디로 갈까?' 하는 물음은 다양한 상상의 원천이 되었습니다. 애니메이션 영화 <코코>와 <소울>은 죽음을 소재로 한 콘텐츠 중 세대를 뛰어넘어 대중성을 확보했다고 평가받는 작품입니다. 멕시코에서 세상을 떠난 사람들을 기리는 시간인 '죽은 자들의 날'을 소재로 한 <코코>는 죽은 사람들을 기억하고 추모하는 일의 의미를 돌아보게 합니다. <소울>은 우리가 태어나기 전, 죽은 후, 우리의 영혼이 머무는 세계를 창의적으로 그리며 익숙한 일상의 의미를 곱씹어 보게 하지요.

　세계적으로 다양한 '사후세계 세계관'이 존재한다는 점을 생각해 보면 죽음 이후 우리가 어디로 갈지에 관한 궁금증은 어느 시대에나 중요한 논제였던 듯합니다. 고대 바이킹족은 죽은 후에도 영혼이 계속 전투에 나간다고 생각했습니다. 티베트에서는 '천장'이라는 방식으로 장례를 치르는데, 사람의 몸을 신성한 동물인 독수리에게 주면 영혼이 올바른 곳으로 갈 수 있다는 생각에 바탕을 둔 풍습입니다. 그리스 로마 신화에는 저승의 신 하데스가 관장하는 지하 세계가 등장합니다. 저승 문을 지키는 머리 셋 달린 개 케르베로스, 아내 에우뤼디케를 찾아 저승까지 달려간 오르페우스 이야기 등은 스토리텔링의 재미를 선사하며 오늘날에도 이어지고 있지요.

우리나라에도 흥미로운 개념이 있는데 바로 영화로도 만들어진 만화 「신과 함께」에서 소재로 삼은 사십구재와 관련된 사후세계입니다. 망자는 저승에서 49일 동안 지은 죄가 없는지 일곱 번 재판을 받고, 무사히 통과하면 다시 태어날 수 있지요. 불교에 기원을 둔 이 개념은 권선징악이라는 가치와 이어져 우리 삶을 돌아보게 해 줍니다.

어린이에게도 사후세계는 흥미로운 소재입니다. 머리맡에 두고 언제든 꺼내 볼 수 있는 그림책은 죽음과 사후세계를 주제로 이야기 나누기 좋은 매체이지요. 베스트셀러 작가로 꼽히는 요시타케 신스케의 작품을 먼저 보겠습니다.

할아버지의 유쾌한 '천국 공책'

까만 비닐봉지가 바람을 가득 품고 낙엽 위를 빙글빙글 날아다니는 걸 본 적 있나요? 한번 눈여겨보세요. 어쩌면 요시타케 신스케의 그림책 『이게 정말 천국일까?』에 나오는 검정 비닐봉지일지도 모릅니다. 그림책에 나오는 할아버지는 자기가 죽은 다음 사랑하는 이들을 지켜보고 싶으면 검정 비닐봉지로 변신해서 주변을 굴러다니겠다고 했거든요. 천국에 관해 적어 놓는 특별한 공책에요.

『이게 정말 천국일까?』는 죽어서 천국으로 갈 거라 철석같이 믿은 한 할아버지의 천국 탐구 보고서이자 일종의 '엔딩 노트'입니다. 엔딩 노트는 죽음을 준비하는 과정을 적는 것으로 고령층이 많은 일본에서 열풍이 불기도 했지요.

할아버지가 돌아가신 후 방을 정리하던 손주는 침대 밑에서 '천국에서 뭐 할까?'라고 적힌 공책을 발견합니다. 죽음을 앞둔 할아버지는 이 공책 안에 온갖 질문을 던지고 글과 그림까지 그려 자신만의 아이디어와 상상의 세계를 기록해 뒀습니다. 유령 센터에서 천국 센터, 환승 센터로 가는 모습도 나오고 죽을 때 어떤 차림일지도 예상해 그렸지요. 천국에서는 넘어져도 아프지 않고 화장실에서도 멋진 경치가 보인다고 상상합니다. 지옥 모습도 나오는데 할아버지는 지옥이 콩나물시루 같고 냄새가 지독하며 뭘 해도 혼나는 곳이 아닐까 생각합니다.

『이게 정말 천국일까?』

요시타케 신스케 글·그림, 고향옥 옮김, 주니어김영사, 2016

할아버지는 죽음을 두려워하지 않고
오히려 죽은 후에 어디로 갈지 상상합니다.
아기자기하게 펼쳐지는 천국 풍경을 따라가면
절망보다는 희망의 편에 서서
죽음이라는 화두를 바라볼 수 있게 됩니다.

아이는 공책을 아빠에게 보여 줍니다. 아빠는 쓸데없이 그런 걸 왜 보냐며 빼앗지 않습니다. 오히려 우리는 언젠가 죽는다며 대화를 시도하죠. 그게 언제일지는 모르지만 죽은 다음에 어떻게 지낼지, 남은 가족에게는 바라는 것은 무엇인지 공책에 적어 봐도 좋다고 아이에게 말해 줍니다. 아이는 공책을 사러 나갑니다. 여러분은 내 아이가, 내 부모님이, 내 친구가, 우리가 아끼는 사람들이 이런 공책을 적고 있는 걸 본다면 뭐라고 하겠습니까?

아이들은 이 그림책을 그야말로 낄낄거리며 읽었습니다. 시키지 않았는데도 천국 시간표를 그리기도 하고 죽으면 어떻게 될지 재미난 상상을 그림으로 그리기도 합니다. 예상대로 천국에 관한 관심이 높습니다.

"천국과 지옥 모습이 친근하게 다가왔어요. 사실 지옥을 진짜 갔다 온 사람은 못 봤잖아요. 지옥은 상상할 수밖에 없는데 이 책은 별로 무섭지 않아요."

"유튜브에서 죽었다 살아났다는 사람들을 본 적이 있는데요. 교회에서는 죽어서 천국에 간다고 하고 절에서는 극락에 간다고 하고…… 저는 아직 의견을 말할 수 없어요."

천국 풍경에 관한 감상부터 종교적인 배경지식까지 다양한 이야기가 오고 갔습니다. 한 아이는 좀 더 구체적인 질문을 던졌습니다. 책 속에서 할아버지는 심술쟁이 영감이 지옥에 갈 거라고 했는데 천국과 지옥을 가르는 기준이 뭔지, 누가 만드는지 궁금하다는 겁니다. 저는 "너는 어떻게 생각해?" 하고 되물었습니다.

"음…… 제가 정한다면 자기만 생각하는 이기적인 사람이냐, 친구와 가족도 생각하는 사람이냐로 나눌 거예요. 천국은 꼭 죽어서만 가는 곳은 아닐지도 모른다고 생각했어요. 삶에서 자신이 만들어 가야 할 것 같아요."

그림책에서 아이는 할아버지처럼 천국을 상상하며 공책을 적어 가기로 합니다. 그런데 쓰다 보니 살면서 하고 싶은 일을 적은 공책이 되었습니다. 이 결말은 사후세계 두 곳을 탐방하느라 조금은 긴장했을 독자의 마음을 풀어 주기 위한 장치로 느껴집니다. 아이가 천국에 갔을 때를 대비해 나는 법을 연습시키는 작가의 따듯한 마음과 유머가 돋보입니다.

지옥을 탈출할 유일한 희망

그림책으로 천국 풍경을 만났으니 지옥 이야기도 읽어 봐야겠지요? 일본 근대문학의 독보적인 존재감으로 남은 작가 아쿠타가와 류노스케의 작품입니다. 젊은 나이에 삶을 마감한 류노스케는 작가로 활동했던 10여 년 동안 약 150편의 작품을 남길 만큼 천재적인 이력을 가지고 있지요. 「거미줄」은 『라쇼몬』이라는 단편집에 수록된 이야기로 이 그림책은 여기에 사실적이고

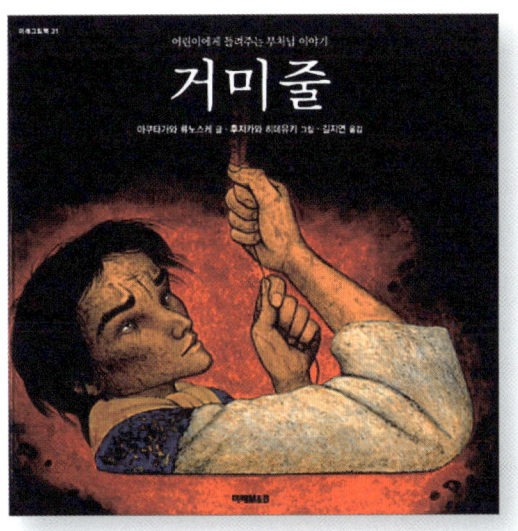

『거미줄』

아쿠타가와 류노스케 지음, 후지카와 히데유키 그림, 길지연 옮김, 미래아이, 2004

지옥의 공포스러움을 사실적으로 묘사한 책입니다.
강렬한 이미지와 이야기의 힘으로
우리가 현생을 어떻게 살아가야 할지
사연스럽게 되돌아보도록 교훈을 줍니다.

무게감 있는 그림을 더해 출간된 것입니다.

앞표지에는 한 가닥 줄을 붙잡고 있는 사람이 그려져 있습니다. 강렬한 빨간 배경, 남자가 붙잡고 있는 줄의 존재가 호기심을 불러일으킵니다. 남자의 표정은 강렬한 욕망에 사로잡힌 듯 보이기도 하고 비장해 보이기도 합니다. 책장을 넘기기 전에 잠깐 스포일러 역할을 하자면 표지의 빨간색은 핏물로 이뤄진 연못이며 남자가 붙잡고 있는 것은 바로 책 제목인 거미줄입니다. 그렇습니다. 표지는 지옥을 직관적으로 담아냈습니다.

어느 날 부처님은 극락에 있는 연못가를 거닐다 연꽃 아래로 보이는 세상, 지옥을 살폈습니다. 부처님의 눈에 '칸다타'라는 남자가 보였습니다. 그는 죄인이라 지옥에 갔는데 착한 일을 딱 한 번 했던 이력이 있습니다. 작고 하찮아도 생명이 있는 존재라며 거미를 살려 준 적이 있지요. 부처님은 칸다타의 작은 선행을 떠올리고 그를 구할 수 있는 거미줄 한 올을 내려보냅니다. 그림으로 표현된 지옥의 모습은 상상을 초월합니다. 밑바닥은 피로 가득찬 연못이고, 죄를 지은 사람들이 고개만 내민 채 버둥거리고 있습니다.

칸다타는 지옥으로 내려오는 실낱 같은 거미줄을 붙잡습니다. 빨간 지옥에서 거미줄을 타고 올라오는 모습이 실감나게 그려져 있습니다. 끝없이 거미줄을 오르던 그는 잠시 쉬는 동안 아래를 내려다봅니다. 지옥은 아스라이 멀어졌고 회심의 미소를 짓습니다. 그런데 엄청나게 많은 죄인이 그 거미줄을 타고 올라오는 것 아니겠어요? 미술비평가이자 소설가, 다큐멘터리 작가인 존 버거는 '연대가 필요한 곳은 천국이 아니라 지옥'이라고 했습니다. 칸다타는 지옥에 떨어진 사람들과 연대했을까요? 그는 거미줄이 자기 것이라며 올라오는 죄인들에게 고래고래 소리칩니다. 이 책을 읽기 전이라면 거미줄이 어떻게 됐을지, 칸다타가 무사히 극락으로 갈 수 있었을지 먼저 상상해 보기 바랍니다.

그림책과 죽음을 이야기하는 강의에서 이 그림책을 이야기하면 수강생들은 '우리도 칸다타가 되지 말라는 법 없으니 잘 살아야겠다'고 입을 모읍니다. 칸다타가 가냘픈 거미줄에 의지해 극락과 지옥을 오가는 동안 우리도 심장이 쫄깃거리는 경험을 하게 되죠. 지옥에서 올라와 보기도 하고 그만 지옥으로 툭! 떨어져 보기도 하고요.

마지막 책장을 넘기고 뒤표지에 시선이 이르면 한없이 자비로운 표정의 부처를 만나게 됩니다. 연못 아래로 거미줄을 내려주고 있습니다. 이야기의 긴장감을 해소해 주는 역할을 하며 동시에 우리에게 거미줄이 내려온다면 어떻게 했을지, 우리는 그 거미줄을 받을 자격이 있는지 생각해 보도록 해 줍니다. 여러분은 어떤가요?

 **사후세계에 관한 이야기**

『할머니는 어디로 갔을까』

아르노 알메라 글, 로뱅 그림
이충호 옮김, 두레아이들, 2012

할머니가 돌아가시고 얼마 후 가족들은 섬으로 여행을 갑니다. 한적한 곳에 다다르자 아빠는 '여기가 바로 천국'이라고 말합니다. 소녀는 돌아가신 할머니도 여기 계시지 않을까 궁금해하며 할머니의 근황을 맘껏 상상합니다.

할머니는 다시 젊어졌을 수도 있고, 우리 소식을 텔레비전으로 보고 있을 수도 있습니다. 소녀가 할머니 친구의 안부까지 궁금해하는 걸 보면 평소에 할머니와 친하게 지냈고 할머니를 속속들이 잘 알고 있었을 것입니다. 소녀는 할머니의 단점에도 빠삭합니다. 할머니는 그림을 못 그리고, 남에게 지시받기도 싫어합니다.

우리는 사랑하는 이들을 얼마나 잘 알고 있을까요? 세상을 떠난 사람들을 얼마나 세심하게 기억하느냐에 따라 그가 도착했을 세계도 더 구체적으로 그릴 수 있을 것입니다. 그 상상의 과정은 남은 사람에게 치유와 회복의 힘을 준다고 이 그림책은 이야기합니다.

『허웅아기』

송재찬 글, 강동훈 그림
봄봄, 2019

아주 먼 옛날 이승과 저승을 오가던 시절이 있었습니다. 이승에는 살림에 재주가 있는 허웅아기가 살았습니다. 염라대왕은 엉망진창인 저승 살림을 회복할 생각으로 허웅을 부르기로 합니다. 허웅아기는 가족과 떨어지기 싫었지만 염라대왕의 명을 거절할 수는 없었습니다. 염라대왕은 허웅아기의 사정을 듣고 이승과 저승을 왔다 갔다 할 수 있게 배려하지만 이웃 할머니와 허웅아기는 몸을 피하기로 합니다. 노한 염라대왕은 허웅의 육신을 이승에 두고 영혼만 저승으로 데려갑니다. 그때부터 사람들은 귀신과 대화할 수도, 이승과 저승을 오갈 수도 없게 되었습니다.

우리나라 전통 설화인 제주도 허웅애기본풀이를 바탕으로 한 이 이야기는 저승에 관한 우리나라 사람들의 인식이 어땠는지 엿볼 수 있습니다. 이승과 저승이 자유롭게 왕래할 수 있었고, 산 사람이 죽은 사람과 어렵지 않게 대화힐 수 있있다는 설징이 픽 흥미롭습니다.

3장

그래도 삶은
계속된다

애도의 타이밍을 놓쳐 아이들이 힘들어하지 않도록
죽음과 상실을 용기 있게 이야기하는 어른이 되겠습니다.

장례식의 의미
생각하기

출근길에 주차장에서 죽은 참새를 봤습니다. 까맣고 맑은 눈을 뜬 채 누워 있었는데 이리저리 손을 대 봐도 움직이지 않았습니다. 몸은 아직 따뜻했습니다. 다친 데도 없고 차에 치인 것도 아닌 것 같았는데, 사람도 이렇게 황망하게 죽을 수 있겠다 싶었습니다.

참새를 조심히 받쳐 들고 교실로 갔습니다. 일찍 온 아이 셋이 눈이 휘둥그레져 죽은 참새를 조심스레 만졌습니다. 참새의 몸을 어떻게 할지 망설이다 우선 작은 상자에 담아 교사 책상 앞에 두고 수업을 했습니다. 결국 그날은 결정을 내리지 못하고 퇴근했습니다. 아침에 와 보니 참새는 단단하게 굳어 있을 거라는 예상과 달리 경직이 조금밖에 이루어지지 않은 상태였습니다. '살아 있음'에서 '죽어 있음'으로 넘어가고 있는 한 생명을 보고 있으니 역설적으로 그 순간에 현존하는 '나'의 삶이 새롭게 느껴졌습니다. 참새도 인간도 우주의 한 생명일 뿐이니 사람도 죽음의 문턱을 넘었을 때 이런 모습이지 않을까 생각하며 동시에 생의 한복판에 있다는 사실이 선명하게 다가온 것입니다.

예원이가 슬픈 표정을 하고 다가왔습니다.

"선생님, 인터넷에서 찾아봤는데 동물이 죽으면 쓰레기봉투에 버려야 한대요. 묻으면 불법이라는데⋯⋯ 그렇게 보내는 건 너무해요."

아이들 말이 맞지만 이제는 결정을 해야 했습니다. 민원 상담을 통해 동물의 사체를 어떻게 해야 하는지 다시 확인했습니다. 화장을 할 수 없으면 쓰레기봉투에 버려 '소각'되도록 해야 한다는 답변이 돌아왔습니다. 동물을 묻으면 전염병으로 땅이 오염될 수도 있고 수도 처리장 같은 곳으로 오염물이 들어갈 수 있기 때문입니다.

"선생님, 『세상에서 가장 멋진 장례식』이라는 그림책 보셨어요?"

현정이가 불쑥 물었습니다. 현정이는 그림책에 나온 것처럼 참새에게 시를 들려주며 장례를 치르고 싶다고 했습니다. 아이들은 참새를 내려가겠다고 입을 모아 애원했습니다. 저는 동물 사체를 어떻게 해야 하는지 안내하고 허락했습니다. 다음 날에도 참새 장례식을 어떻게 치렀는지 묻지 않았습니다. 모든 사람에게는 직접 익히고 스스로 부딪치며 성장하는 시스템이 작동한다고 믿었고, 아이들도 그들만의 방식과 감각으로 죽음에 관해 통찰했을 거라고 생각했습니다. 스러져 있는 작은 새를 보고 문득 울음이 터져 나왔을 수도 있고 한 생명을 쓰레기봉투에 넣어 보내야 한다는 생각에 화가 났을 수도 있겠죠. 아이들끼리 진솔하게 마음을 드러내고 서로 다독이길 바랐습니다. 대신, 함께 장례를 준비하고 치르며 의미 있는 생각을 했을 아이들과 현정이가 이야기한 『세상에서 가장 멋진 장례식』을 읽었습니다.

어린이 3인조의 따뜻하고 멋진 장례식

그림책 『세상에서 가장 멋진 장례식』에는 죽은 동물들의 장례를 치러 주는 3인조 어린이가 등장합니다. 처음에는 심심해서 시작한 일인데 몇 번의 경험을 토대로 장례 회사를 차리기도 하지요. 벌, 햄스터, 수탉, 냉장고에 있는 청어, 쥐, 고슴도치까지, 다양한 동물의 장례식을 치릅니다. 장례식에서 쓸 물건을 별도로 보관하는 가방도 준비합니다. 모든 장례식은 3인조만 아는 빈터에서 엄숙하게 진행됩니다. 먼저 작은 무덤을 마련하고, 동물을 묻은 후 추도시를 읽어 줍니다. 그저 아이들의 놀이라고 하기에는 꽤나 진지합니다.

이 3인조는 저마다 다른 역할을 맡습니다. '나'는 죽음이 무섭

『세상에서 가장 멋진 장례식』

에바 에릭손 그림, 울프 닐손 글, 임정희 옮김, 시공주니어, 2008

장례식 이야기지만 엄숙함보다 따뜻함이 느껴집니다.
장례식의 의미를 힘주어 가르치지 않습니다.
세상에 귀중하지 않은 생명은 없다고,
그래서 살아 있는 우리 모두는 떠나는 사람을 배웅할 수 있어야 한다고
친절하게 말을 걸어 줍니다.

다고 하면서도 추도시를 쓰고 싶다며 나섭니다. 행동파 에스테르는 동물의 사체 따위는 무서워하지 않는 배짱이라 무덤 만드는 일을 맡습니다. 자신이 아는 범위 내에서 죽음에 대해 가르쳐 주기도 하죠. 이제 막 죽음을 이해하고 눈물을 뚝뚝 흘리던 어린 푸테에게는 우는 역할이 주어집니다. '우는 역할'을 따로 정해 두었다는 부분이 무척 의미심장하게 다가오지요. 아이들은 울음이 슬픔을 마음 밖으로 떠나보내는 좋은 방법이라는 걸 아는 듯합니다. 등장인물들은 작은 동물들의 장례를 치르며 죽음에 관해 서로 묻고, 가르쳐 주고, 배웁니다.

반 아이들과 책을 읽은 소감을 나누며 마인드맵을 적었습니다. 이야기에 흠뻑 몰입했기 때문인지 대부분 '내가 장례식을 치른다면' 혹은 '나의 장례를 치른다면'이라는 상상을 하며 감상을 풀어놓았습니다. 한 아이는 자기 장례식 때 성가를 불러 주면 좋겠다며 노래를 네 곡이나 고르기도 했습니다. 마인드맵에 간단한 유서까지 써넣어 '자신이 연구하던 이론'을 발표하지 못했다면 상대가 마저 마무리해 주길 당부한 아이도 있었습니다. '나도 이런 멋진 장례식을 받고 싶다.'라고 적은 소감도 눈에 띄었습니다. 얘야, 그건 선생님인 나도 하고 싶은 말이야.

이 그림책을 읽은 어른들은 아이들과 달리 장례식이라는 의례의 의미를 생각하기도 했습니다. 모임에서 아이를 잃은 한 분을 만났습니다. 둘째아이가 떠나고 큰아이와 한 번도 동생의 죽음에 관해 이야기하지 못했다고요. 당시 큰아이가 작은 일에도 분노를 참지 못했던 걸 생각하면 아이의 슬픔을 방치하지 않았나 하는 생각이 들었다고 했습니다. 『세상에서 가장 멋진 장례식』에서 어린 푸테와, 죽은 동물을 보살폈던 친구가 함께 눈물을 흘리고 그 슬픔을 달래 주기 위해 천천히 노래를 불렀듯, 동생 잃은 아이에게 그런 시간이 허락되었다면 어땠을까요.

장례식, 죽음에 관한 성찰을 남기는 자리

몇 달이 지나, 우리 반 아이들이 참새 장례식을 어떻게 치렀는지 알게 될 기회가 있었습니다. 저는 해마다 아이들에게 잠자기 전 자신과 만나 대화하는 시간을 보내고 그때 나눈 이야기를 글로 쓰도록 안내합니다. 학년이 끝날 무렵 아이들이 쓴 글을 책으로 만들고 출간 기념회를 연다는 계획이 적절한 동기 부여가 됐던 것 같습니다.

참새의 몸을 처음으로 마주한 아이 중 한 명이었던 민서의 글을 보았습니다. 민서는 그 일이 있기 전까지 타자의 죽음을 경험해 보지 못했습니다.

> 참새를 조심스럽게 종이로 감쌌다. 에원이는 세월호 리본을 가져왔고 나는 새가 좋은 곳으로 가기를 바라는 그림 편지를 적었다. 참새가 낭기열라에 가서 칼과 요나탄의 사랑을 받는 사자왕 참새

가 되면 좋겠다. 참새를 묻을 수 있었다면 1년 후에도 와서 꽃잎을 뿌려 주었을 것이다.

낭기열라는 아스트리드 린드그렌의 동화 『사자왕 형제의 모험』에 나오는 사후세계입니다. 주인공인 두 형제는 낭기열라에서 사자왕으로 불리며 독재자를 물리치지요. 인간들이 쌓은 건물들 틈에서 마음 편히 날지 못했을 작은 새, 민서와 친구들은 그 새가 사자왕처럼 용맹하게, 자유를 구하며 날개를 펼칠 수 있길 바랐던 것입니다.

민서의 글을 통해 아이들이 장례식을 치르며 '죽는다는 것'을 조금이나마 실재감 있게 생각했다는 사실도 알게 되었습니다. 그림책 속에서 푸테가 쥐의 장례를 치러 주며 죽는 게 뭐냐고, 쥐는 왜 누워 있냐고 물었던 것처럼 몇몇 아이들도 왜 참새를 종이로 감싸는지, 예원이가 왜 세월호 리본을 가져왔을지 처음에는 짐작할 수 없었을 겁니다. 하지만 푸테가 '나'와 에스테르의 설명을 듣고 "이제야" 죽음을 이해한 뒤 눈물을 뚝뚝 흘렸듯 아이들도 참새를 보내 주며 죽음과 슬픔, 떠나보냄이라는 실체를 온 감각을 총동원해 이해했겠지요.

사람은 세대를 초월해 죽음에 대한 성찰의 인자를 남기는 존재입니다. 장례식은 죽음이라는 관념과 멀찍이 떨어져 있는 어린 세대에게 기억과 경험을 전하는 시간입니다. 아이들이 훗날

친구의 반려 동물 장례를 치르는 3인조. 아이들은 이렇게 슬픔을 함께 나누는 법을 배웠을 것입니다.
ⓒ 『세상에서 가장 멋진 장례식』, 에바 에릭손, 울프 닐손, 2008, 시공주니어

어른이 되어 사랑하는 사람을 떠나보낸다면 그 소식을 주위에 어떻게 알려야 하는지, 고인을 어떻게 배웅해야 하는지 자연스럽게 알게 되는 시간입니다.

장례식은 남아 있는 사람들의 '정서' 속으로 들어가는 일이기도 합니다. 슬픔, 아픔, 허망함, 분노, 그리고 위로와 애도까지 여러 층위의 감정을 만나는 사회적 경험입니다.

그 경험을 물려 줄 의무가 있는 어른으로서 장례식의 의미를 다시 한번 곱씹게 됩니다. 죽은 사람을 위하는 자리이지만 동시에 남은 사람을 위하는 장례식이 될 수 있도록. 세상을 떠난 사

람들의 따뜻한 기억이 오래오래 남을 수 있도록. 살아 있는 사람들이 얼마나 슬퍼했고 얼마나 아파했는지 부지런히 기억될 수 있도록.

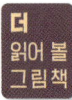 **다양한 장례식 풍경 만나기**

『행복한 장례식』

맷 제임스 글·그림
김성희 옮김, 책빛, 2020

엄마는 오늘 노마가 학교에 안 갈 거라고 이야기합니다. 증조할아버지가 돌아가셔서 장례식장에 가야 하기 때문입니다. 천진난만한 노마는 증조할아버지의 죽음이 슬프기보다 그저 학교에 안 가는 게, 사촌 동생을 만나는 게 즐겁기만 합니다.

노마는 사촌 동생과 언덕 위의 묘지도 가고 연못도 구경하며 신나게 보냅니다. 하지만 다른 가족과 마찬가지로 증조할아버지와 마지막 인사를 나눠야 합니다. 노마는 할아버지도 나처럼 오늘 행복했느냐고 묻습니다. 할아버지가 그 질문을 들을 수 있다면 뭐라고 대답했을까요? 장례식을 찾아온 많은 사람들과 더는 만날 수 없다는 사실이 슬프겠지만 동시에 행복하셨을 것입니다. 이 사람들에게 추억을 남겨 주고 떠날 수 있으니 말입니다.

다채로운 색으로 표현된 그림은 흔히 무채색을 떠올리는 장례식장 풍경을 새롭게 바라보도록 해 줍니다.

『상여 나가는 날』
선자은 글, 최현묵 그림
미래아이, 2018

아이에게 전통 장례 풍경을 보여 주고 싶은 어른에게 추천합니다. 제목에서 예상되는 바와 달리 이야기는 저승사자가 박 첨지를 찾아오는 데에서 시작됩니다. 산 사람과 저승의 매개체가 되는 존재, 사자 혹은 사신 이미지가 문화별로 다르다는 점을 함께 이야기할 수 있습니다.

상여 나가는 날은 떠들썩합니다. 많은 사람들이 상여가마를 이고 긴 행렬을 만듭니다. 싱어꾼들은 죽은 이의 넋을 위로하기 위해 노래도 부릅니다. 사람들은 탈도 쓰고, 춤도 춥니다. 눈에 보이지 않지만 저승사자와 박 첨지가 상여길에 동참하고 있습니다. 죽은 박 첨지는 눈물을 뚝뚝 흘릴 법도 한데 어쩐지 표정이 밝습니다.

오늘날에는 상여 문화를 좀처럼 찾아볼 수 없지만, 우리 조상들이 상여 행렬로 소란스러운 장례를 치른 까닭은 죽은 사람과 산 사람의 아픔을 조금이라도 덜어 주기 위해서였을 것입니다.

우리 전통 장례 풍경을 볼 수 있는 또 다른 그림책으로 『맑은 날』을 함께 보길 권합니다. 서정적인 필치로 전통 장례 절차를 더 세세하게 다루었습니다. 초혼, 입관, 장례식 자체가 마을 공동의 의례나 마찬가지였던 시절을 엿볼 수 있습니다.

『동물들의 장례식』

치쿠 글·그림
고래뱃속, 2020

장례식은 인간만의 고유한 풍습이라고 할 수 있을까요? 이 그림책을 보면 생각이 달라질 수 있습니다. 동물들도 저마다의 '죽음 의식'을 치릅니다. 코끼리는 죽어 가는 코끼리를 코로 어루만집니다. 늑대는 하울링으로 슬픔을 표현합니다. 까마귀들은 한곳에 모이고, 돌고래는 죽어 가며 힘겨워하는 친구를 물 밖으로 밀어 올립니다. 죽음 앞에서 함께 애도하며 특별한 마무리를 나누고자 하는 의지는 생명을 가진 모든 존재에게 당연한, '자연의 법칙' 같은 일일지 모릅니다. 죽는다는 것은 무엇이길래 살아 있는 이들에게 이런 특별한 의식을 부여하는 걸까요?

분노와 슬픔을 넘어 '애도'의 단계로

모든 관계 끝에는 헤어짐이 있습니다. 갈등의 한복판에서 끝내 회복으로 나아가지 못하고 단절을 선택하기도 하고 이사나 이민 등 물리적인 거리가 생겨 헤어짐을 맞이하기도 합니다. 죽음도 헤어짐입니다. 누군가는 그 이별을 준비하며 주위 사람들과 많은 이야기를 나누기도 합니다. 하지만 어떤 사람들은 예상하지 못하게 이별이라는 커다란 파도를 맞고 삶이라는 공간에 덩그러니 남겨지기도 합니다.

세계적인 정신과 의사이자 죽음 연구자, 호스피스 운동의 선구자인 엘리자베스 퀴블러 로스는 상실을 겪은 사람들이 걸어가는 '슬픔의 길'이 저마다 다르다고 이야기했습니다. 슬픔을 겪는 단계를 다섯 영역으로 나눠 설명하는데, 이 모델이 오늘날 심리학, 죽음 관련 연구에서 많이 쓰이는 '부정(denial)

- 분노(anger) - 타협(bargaining) - 우울(depression) - 수용(acceptance)'이라는 과정입니다. 시한부 선고를 받은 환자들이 어떤 과정으로 자신의 죽음을 받아들이는지 설명하는 이론으로 처음 등장했습니다. 환자들은 병을 처음 알게 되면 충격에서 벗어나지 못하고 '그럴 리 없다'는 부정 반응을 보입니다. 자신이 죽게 된다는 사실을 더 이상 부정할 수 없게 되면 분노를 표출합니다. 왜 꼭 나여야 하느냐며 화를 내고, 원인을 찾아 화풀이를 하려는 마음이 든다고요. 로스 박사에 따르면 주위 사람들로부터 분노를 이해받은 환자 중 상당수가 신과 수명을 '협상'하려 했다고 합니다. 재산을 기부할 테니 몇 년은 더 살게 해 달라, 아이가 결혼하는 것만 보고 가게 해 달라며 스스로 생명의 기한을 정하려고 하지요. 이 단계를 지나면 우울에 빠지고, 자신의 마지막을 받아들이며(수용) 우울에서 걸어 나오게 됩니다.

이 '퀴블러 로스 모델'은 상실을 겪은 유족에게도 찾아볼 수 있습니다. 사랑하는 사람을 갑자기 잃고 '그가 죽었을 리 없다. 다른 사람이다. 내가 전화하면 받을 것이다.'라며 상실을 부정하기도 하지요. 결국 고인의 죽음을 확인하게 되면 고통과 슬픔을 숨기려는 방어기제로 분노가 나타납니다. 타협 단계에서는 '만약'으로 시작하는 이야기를 생각합니다. 만약 그가 출근하지 않았더라면, 그가 아프지 않게 내가 더 신경 썼더라면…… 후회와 비탄의 시간을 거치면 우울이 찾아오고, 그가 떠난 세상은 아무

의미 없는 곳이 되기도 합니다. 수용 단계에 오면 자신이 엄청난 슬픔을 겪었음을 받아들이고 고인을 좋은 추억으로 간직할 수 있는 힘을 얻습니다.

이 과정에서 때때로 두 단계가 동시에 나타나기도 하며 사람에 따라 단계의 순서가 달라지기도 합니다. 중요한 사실은 앞 단계를 뛰어넘고 '수용'에 도달할 수 없다는 점입니다. 살아 있는 사람들이 앞으로 나아가기 위해서는 분노의 숲과 우울의 바다를 필연적으로 건너야 합니다.

그림책 『망가진 정원』은 가족을 잃은 주인공이 분노를 넘어 수용의 단계로 나아가는 과정을 보여 줍니다. 원제는 『The Rough Patch』, 힘든 과정이라는 의미입니다. 살면서 한 번쯤 커다란 고통을 겪는 시기를 뜻하는 영어 관용어 'go through a rough patch'가 연상되는 제목입니다. 힘겨운 시간을, 에번은 어떻게 통과해 나가고 있을까요?

에번은 왜 정원을 망가뜨렸을까?

여우인 에번과 반려동물 멍멍이는 '껌딱지' 같은 사이입니다. 뭐든 함께 했죠. 둘은 정원 가꾸는 일을 가장 좋아했습니다. 어느 날, 생각지도 못하게 멍멍이가 세상을 떠나고 맙니다. 에번이 마음의 준비를 할 시간은 없었습니다. 충격과 슬픔으로 에번은 세상의 모든 색을 잃어버리고, 이제 분노의 시간을 보내게

『망가진 정원』

브라이언 라이스 글·그림, 이상희 옮김, 밝은미래, 2020

상실로 인한 슬픔이 어떻게 흘러가는지
상실의 공간이 어떻게 파괴되고 복원되는지
길지 않은 문장과 섬세한 그림으로 보여 줍니다.

됩니다. 행복했을 때에는 더없이 따뜻하고 정겨운 공간이었던 정원은 화풀이 대상이 됩니다. 에번은 괭이를 마구 휘둘러 둘만의 공간을 망가뜨립니다. 정원에는 기괴하고 무서운 모양의 식물들이 자라기도 하지요. 정원은 곧 에번의 마음입니다. 에번의 마음은 퍽 쓸쓸합니다.

색이 사라졌던 에번의 정원에 옅은 초록의 기운이 스며듭니다. 작가의 섬세한 색채 표현이 놀랍습니다. 정원에는 전에 없던 새로운 식물들이 자라납니다. 에번은 만지면 가렵고 뾰족하며 냄새도 고약한 잡초가 마치 어쩐지 마음에 들어 잘 돌봅니다. 자신도 모르는 사이에 에번은 '돌봄의 시간'으로 진입합니다.

어느날, 쓸쓸한 정원 울타리 밑으로 호박 덩굴 하나가 기어들어 옵니다. 에번은 잘라 버리지 않습니다. 꼬불꼬불했던 덩굴이 거대한 호박으로 성장합니다. 차가워진 저녁 공기 속에서 에번의 가슴이 뜁니다. 멍멍이와 함께 호박 품평회에 참가해서 상을 받았을 때 코끝을 스쳐 가던 그 공기를 기억하고 있었을까요?

에번은 호박을 싣고 품평회에 나가고, 그곳에서 친구들과 인사도 나눕니다. 상도 받게 되는데요. 이제 우리는 에번의 정원이 어떤 모습일지 다시 상상하게 됩니다. 잃어버렸던 초록을 찾고 멋진 꽃과 나무로 새로운 모습을 한 정원을요.

싱그러웠던 초록이 사라진 에번의 정원. ⓒ『망가진 정원』 브라이언 라이스, 2020, 밝은미래

슬픔과 분노와 우울의 늪을 건너

다시 이야기를 퀴블러 로스 모델로 돌려 보겠습니다. 엘리자베스 퀴블러 로스를 멘토 삼아 함께 책을 쓴 슬픔과 애도 분야 전문가, 데이비드 케슬러는 수용 다음에 이어지는 여섯 번째 단계를 추가합니다. 그 과정의 이름은 '의미'입니다.

케슬러는 『의미 수업 - 슬픔을 이기는 여섯 번째 단계』를 통해 입양한 아들을 잃고 힘겨워했던 시간을 고백합니다. 아들은 태어날 때부터 약물 중독 증상이 있었는데 다른 사람과 깊은 관계를 맺을 줄도 알았고 잘 자라 대학에 입학하기도 했습니다. 하지만 결국 다시 약물에 빠져들어 죽음에 이르고 맙니다.

그는 퀴블러 로스의 이론대로 다섯 단계를 따라가 보기로 합니다. 처음에는 온통 분노뿐이었습니다. 몇 달 동안 매일 아들의 무덤을 찾아가 울면서 신에게 왜 내가 이런 일을 겪게 두었냐고 따져 묻기도 했습니다. 케슬러는 아이의 죽음을 받아들이는 것, 아이의 몸이 땅속에 있고 아이는 죽었다는 사실을 인정하는 것이 수용인 줄 알았습니다. 하지만 그 수용에는 분노가 뒤섞여 있었습니다. 분노와 고통은 쉽게 사그라들지 않았습니다. 사람들은 커다란 슬픔이 닥치면 단계를 건너뛰고 곧장 수용의 단계로 들어서려고 조바심을 내기도 합니다. 하지만 고통 속에서 몸부림치는 시간이 있어야 비로소 상실에서 의미를 찾는 단계로 나아갈 수 있습니다.

에번이 분노에 휩싸여 정원을 망가뜨린 이유는 아이러니하게도 멍멍이와 함께 보낸 시간이 그만큼 에번의 인생에서 소중했기 때문입니다. 그저 산책할 때나 가끔 마주치는 이웃의 반려동물이었거나 연례행사에서나 마주치는 먼 마을의 누군가였다면 그 죽음은 큰 파장을 일으키지 못했겠지요. 끝이 없을 것 같은 고통과 우울 속에서, 고인과 함께하는 삶이 얼마나 소중했는지 절절하게 느끼고 나면 이제 새로운 질문이 피어나게 됩니다. 인생은 이렇게 흘러가고야 마는 것일까? 그저 그렇게 흐르도록 두지 않으려면 무엇을 해야 한단 말인가? 그 시간이 나에게 의미 있었던 이유는 무엇일까? 오로지 '그'가 있었기 때문일까? 그 이유만이 내 삶에 의미를 부여하는 '전부'인 걸까? 그림책의 반전이 있는 결말을 통해 우리는 에번이 그 의미를 되찾기 위한

한 걸음을 내디뎠음을 알 수 있습니다.

『의미 수업 – 슬픔을 이기는 여섯 번째 단계』는 자신에게 의미가 될 이야기를 어떻게 찾아갈 수 있는지 작은 조언을 건네고 있습니다. 사랑하는 사람을 잃으면 우리는 '죽음이 별안간 찾아왔다' '그를 잃은 나는 희생자다' '왜 하필 나에게 이런 일이 생겼을까?' '내 삶이 그 누구보다 슬프고 처참하다'고 이야기하지만 그것을 새로운 언어로 다시 들여다볼 수 있다고요. 우리는 '나는 희생자가 아니라 상실감을 딛고 나아가는 승리자이다' '죽음은 무작위이며 누구나 살면서 고통을 겪는다' '내 삶에는 슬프고 아픈 지점도 있다'로 이야기를 통합해 갈 수 있습니다. 데이비드 케슬러에게 삶의 의미는 강연과 워크숍으로 다른 이들이 상실에서 의미를 발견할 수 있게 돕는 시간이었습니다. 아들의 존재가 케슬러에게 커다란 의미를 남긴 것이지요.

사랑하는 사람을 잃어 고통 속에 갇힌 누군가에게, 혹은 그러한 누군가를 곁에서 지켜봐야 하는 사람에게 '의미'라는 단어를 끊임없이 들려주고 싶습니다. 그와 함께한 풍경 속에서 당신 자신은 어떤 사람이었느냐고, 앞으로는 어떤 사람이 되고 싶냐고 묻고 싶습니다. 우리가 각자의 이야기를 써 나갈 수 있도록 질문을 이어가는 일이 현재를 살아가는 '나'의 의미임을 잊지 않으려고 합니다.

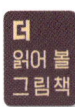 **'퀴블러 로스 모델'을 생각해 보는 이야기**

『청소기에 갇힌 파리 한 마리』

멜라니 와트 글·그림
김선희 옮김, 여유당, 2016

엘리자베스 퀴블러 로스의 상실에 관한 다섯 단계를 소재로 한 그림책입니다. 집 안 곳곳을 날아다니던 파리 한 마리가 그만 청소기에 빨려 들어갑니다. 청소기에 갇힌 파리는 현실을 부정하지만 상황이 바뀌지 않자 타협을 시도합니다. 내보내 준다면 착하게 살겠노라고. 청소기는 말이 없습니다. 타협이 통하지 않는다는 걸 깨달은 파리는 왜 하필 자신이냐고, 불공평하다고 소리를 지릅니다. 시간이 흐르면서 파리는 자신에게 일어난 일을 직시하고 자신이 가지고 있었던 것에 감사하며 상황을 수용합니다. 천만다행으로 청소기는 파리를 뱉어 냅니다. 5학년 아이들과 이 그림책을 읽었을 때 다양한 감상이 쏟아졌습니다.

"예고도 없이 불행이 덮치는 것도 삶이겠구나 생각했어요. 저도 그런 일을 겪지 말라는 법 없겠죠?"

"파리 같은 상황에 놓이면 저도 분노할 것 같아요. 분노하는 저를 미워하지 않을래요."

　교사가 파리가 돼 의자에 앉고, 아이들이 파리에게 해 주고 싶은 말을 직접 들려주는 활동도 했습니다.

　"파리야, 행운은 말이 안 되는 이유로 오는 거잖아. 청소기 안에 갇혔다가 살아 나온 파리는 너밖에 없을 거야."

　"암울한 상황에서도 긍정적으로 생각해서 두려움을 없애려는 너의 행동이 옳다고 봐. 내가 이런 시련을 겪는다면 화내고 절망할 시간에 출입구를 찾을래."

　이 그림책은 청소기 안에 갇힌 파리의 상실감을 그리고 있지만 동시에 청소기를 지켜보는 '개'의 상실감에도 초점을 맞출 수 있습니다. 작가의 힌트를 찾고 나름대로 해석을 곁들이는 것도 재미있는 독서가 될 것입니다.

『마음이 아플까 봐』
올리버 제퍼스 글 · 그림
이승숙 옮김, 아름다운사람들, 2010

　할아버지의 죽음을 받아들이기 힘들어 유리병에 마음을 넣어 버린 아이의 이야기입니다. 세월이 흘러 아이는 마음을 유리병에서 꺼내고 싶어 하지만 방법을 모릅니다.

　병에서 마음을 꺼내는 과정은 고통과 우울, 상실감, 무력감, 슬픔 속에서 삶의 의미를 발견하는 것과 닮아 있습니다. 어릴 적 자신이 할아버지에게 건넸던 질문과 똑같은 질문을 하는 한 아이를 만난 게 계기가 된 것입니다. 충격적인 상실을 경험한 후 마음을 닫아 버린 사람을 다시 세상 밖으로 나오게 하는 것은 삶의 의미를 상기하는 질문임을 생각해 보게 합니다.

보호자를 잃은 아이들에게

학교에서 아이들을 가르치다 보면 부모의 죽음과 마주하는 아이들을 속수무책으로 지켜봐야 할 때가 있습니다. 특히 그 소식을 아이에게 전하며 느끼는 절망감, 걱정, '학교 엄마'로서 아이의 아픔을 대신 질 수 없다는 야속함은 마음을 몇 번이나 무너지게 합니다. 아이에게 어머니의 사고 소식을 전하며 복도에 와 계신 할머니에게 손을 건네야 했던 그날, 장례식에서 서럽게 울던 아이를 그저 안아 줄 수밖에 없었던 그날, 세상이 너무나 야속했습니다. 아이 어머니의 장례식에서 교사로서 감정을 추스르지 못했던 모습이 두고두고 후회로 남기도 했습니다.

다시 학교에 나온 아이는 말수가 부쩍 줄어 있었습니다. 친구들과 대화에 참여하지 않았고 혼자 있는 시간이 많았습니다. 글쓰기 공책에는 엄마가 없는 자신을 친구들이 어떻게 생각할까 두렵다고 썼습니다. 엄마가 안 계신 것은 부끄러운 일이 아니라고 조심스럽게 말했지만 상실을 받아들일 준비가 안 된 아이에게 너무 섣부른 다가감이었을 것입니다. 아이는 결국 할머니와 같이 살게 되며 전학을 갔습니다. 마음의 상처를 제때 매만져 주지 못했다는 마음이 체하듯 내내 얹혀 있었습니다.

몇 년 후 학교에서 그림책 『무릎딱지』를 봤을 때, 마음 한구석에 걸려 있던 감정이 다시 고개를 들었습니다. 『무릎딱지』는 '엄마가 오늘 아침에 죽었다.'라는 문장으로 시작합니다. 이야기는 시종일관 담담합니다. 한 번도 생각해 보지 않은 엄마의 죽음, 아이는 그렇게 죽을 거면 왜 나를 낳았느냐고 세상을 떠난 엄마에게 독설 아닌 독설을 내뿜습니다. 엄마 냄새가 집에서 빠져나갈까 봐 한여름에 창문을 닫아 놓고 지내기도 합니다.

아이는 마당에서 넘어져 무릎을 다칩니다. 어딘가 다치거나 아프면 '씩씩하니까 이겨 낼 수 있다'고 말하는 엄마 목소리를 들을 수 있기 때문에 아픈 게 싫으면서도 좋습니다. 아이는 엄마 이야기를 다시 들으려고 일부러 딱지를 긁어 피를 봅니다. 엄마 냄새, 엄마 목소리, 엄마에 관한 기억이 조금이라도 사라질까 봐 아이는 온 신경을 부릅뜬 채 살아가지요.

어느 날, 할머니가 집으로 오기로 합니다. 아이는 할머니가 자신을 이상하게 생각하지 않을까 신경 쓰지만 할머니는 오히려 아이의 마음을 어루만져 줍니다. 아이의 손을 가슴 위에 올

『무릎딱지』

샤를로트 문드리크 글, 올리비에 탈레크 그림, 이경혜 옮김, 한울림어린이, 2010

엄마 흔적을 조금이라도 가까이 느끼기 위해
아이는 상처가 나도 상관없다고 생각합니다.
아이의 행동을 다그치지 않고, 어른의 마음을 강요하지 않고
그저 어루만져 주는 것이 건강한 방법임을
이 그림책은 이야기합니다.

려 주며 할머니는 엄마가 여기 쏙 들어간 데 있다고 말해 줍니다. 엄마는 여기를 떠나지 않을 거라고요.

『무릎딱지』를 다시 읽게 된 건 중학생이 된 아이를 만나게 됐을 때였습니다. 우울한 표정은 사라지고 눈이 밝아졌으며 간간이 미소를 보이기도 했습니다. 아이와 함께 카페에 가『무릎딱지』를 건넸습니다. 아이는 하염없이 울었습니다.

"선생님, 우리 엄마도 제 가슴속에 살아 계세요. 엄마랑 아무 때나 얘기할 수 있을 것 같아요."

아이는 고등학생이 되어서도 종종 메일을 보내 주었습니다. 카페에 함께 갔던 그날이 생각난다며『무릎딱지』이야기를 적기도 했습니다. 엄마 잃은 아이뿐만 아니라 소중한 사람을 잃은 모두에게 읽어 주고 싶다고 했지요. 아이가 이 그림책을 떠올릴 때마다 쉽게 찾아 들었으면 하는 마음으로 낭독본 파일을 보냈습니다. 시간이 걸리더라도 자기 삶은 반드시 치유될 수 있다는 믿음, 언젠가는 꼭 새살이 돋을 수 있다는 믿음을 꼭 쥐고 있길 바라는 마음이었습니다.

어른의 마음, 아이의 마음으로

그림책으로 죽음 관련 연수를 하다 보면 생각보다 많은 학생들이 부모님의 상실을 겪는다는 사실을 알 수 있습니다. 그 아이와 슬픔을 함께 나누고 싶은 선생님들을 위해 저는『무릎딱지』

스스로에게 상처를 내서라도, 아이는 엄마의 목소리를 들으려고 합니다.
ⓒ『무릎딱지』, 올리비에 탈레크, 샤를로트 문드리크, 2010, 한울림어린이

를 함께 읽습니다. 그림책에서 아이는 자신이 아빠를 돌봐야 한다는 의무감을 품습니다. 자기도 어린아이이면서 말입니다. 내가 맡은 학생이 누군가를 잃었을 때, 교사도 의무감을 갖고 무척 전전긍긍합니다. 아이가 슬픔과 고통을 빨리 떨쳤으면 하는 마음에 섣부른 위로를 건네기도 합니다. 마음만 앞선 대처는 오히려 학급에서 한 아이의 슬픔이 부각되는 요인으로 작용하기도 하지요.

우리에게는 모두 그림책 속 할미니 같은 존재가 필요하다고 생각했습니다. 엄마를 잃고 기이해 보이는 행동을 하는 아이에게 그럴 수 있다고 말해 주는, 아이가 스스로 자기 가슴을 토닥

이도록 도와주는 할머니가 곁에 있다면 얼마나 좋을까요.

그 구체적인 방법을 저는 랍비이자 사별 상담가로 명성이 높은 얼 그롤먼의 이야기에서 찾을 수 있었습니다. 그롤먼은 책 『아이와 함께 나누는 죽음에 관한 이야기』에서 부모의 죽음으로 힘들어하는 아이를 돕는 실천적인 방법을 알려 줍니다.

먼저 죽음이라는 단어를 꺼내길 금기로 여기지 말라고 조언합니다. '죽음'이라는 직관적인 단어를 의도적으로 피하려는 인상을 주면 아이가 상실을 받아들이는 일은 미뤄질 뿐이지요. 나이가 적든 많든, 우리는 모두 죽음을 슬퍼할 수 있음을 이해하도록 도와야 합니다. 누군가를 잃은 아이 중에는 자신이 어린이이므로 애써 천진난만하게 행동해야 한다는 의무감을 가지기도 합니다. 하지만 죽음을 슬퍼하는 일은 연령에 관계 없이 누구에게나 허락되어야 합니다. 이를 위해 그롤먼은 아이가 자기 감정을 드러내는 일을 허락할 것, 아이에게 이제 네가 가족을 이끌어야 한다며 지나친 부담을 주는 말을 하지 않을 것, 아이의 질문을 허락할 것, 어른이라고 슬픔을 감추려 하지 말고 드러낼 것을 권합니다.

아이의 학교에 연락해 알리고 주위에도 도움을 요청하는 방법도 도움이 됩니다. 한편 어른들은 아이들이 현실을 알기에 너무 어리지 않을까 하는 우려로 그릇된 희망을 주기도 하는데요. 아이와 죽음을 이야기할 때는 '엄마는 죽은 게 아니라 여행을 간

거야.'라는 등 진실이 아닌 이야기를 하면 안 됩니다.

 마지막으로 그롤먼은 아이가 지지와 사랑 속에 있다는 사실을 끊임없이 확인할 수 있도록 하라고 이야기합니다. 이 지지와 사랑을 『무릎딱지』를 함께 읽은 우리 반 아이뿐만 아니라 그 아이의 곁을 든든하게 받치고 싶었던 저, 제가 만난 모든 선생님들에게 보내고 싶습니다. 어린이의 순수한 마음으로, 어린이를 품는 어른의 넉넉한 마음으로, 두 마음을 함께 가지고 상대를 위로해 주세요. 죽음 앞에서만큼은 우리 모두 경험이 없는 어린아이입니다.

 **가족을 떠나보낸 이들을 위로하기**

『보고 싶은 엄마』

레베카 콥 글·그림
이상희 옮김, 상상스쿨, 2011

네다섯 살쯤 된 아이는 엄마의 장례식에 다녀오지만 아직 죽는다는 게 무엇인지 잘 모릅니다. 엄마 없이 살아갈 세상이 두렵고 화를 내 보기도 하지만 이내 자신을 자책합니다. 다른 아이들이 엄마 손을 잡고 다니는 모습을 보며 세상은 공평하지 않다고 슬퍼하기도 합니다. 아이는 가족과 다른 사람들의 도움을 받으며 새로운 사실을 깨닫습니다. 엄마한테 자신이 특별한 아이였고, 엄마도 자신에게 특별한 사람이었음을. 여전히 엄마 옷을 손에서 떼놓지 못하지만 아이는 꽃에 물을 주며 꽃을 피워 냅니다.

　이 그림책에서 주목할 것은 아빠의 태도입니다. 엄마는 죽었고, 누구든 한 번 죽으면 몸을 움직일 수 없다고 직관적으로 이야기합니다. 엄마의 죽음을 축소하거나 거짓으로 덮으려 하지 않습니다. 아이와 가족의 죽음에 관해 어떻게 이야기하는 것이 바람직한지 생각해 볼 수 있습니다.

『사랑하는 할머니』

딕 브루너 글·그림
이상희 옮김, 비룡소, 2019

인기 있는 캐릭터인 미피 이야기 시리즈 중 한 권으로, 아이가 가족의 죽음을 어떻게 받아들이는지 보여 줍니다. 죽음에 관해 돌려 말하지 않고 글과 그림이 간결한 구도로 배치되어 있어 초등 저학년이나 입학 전 아이들과 읽기 좋습니다.

   간밤에 미피 할머니가 돌아가셨습니다. '잠든 듯 보이지만 이제 숨을 쉬지 않는다.'라는 간결하고 담백한 표현이 죽음에 관한 이해를 돕습니다. 가족이 눈물을 뚝뚝 흘리고, 관을 들고 숲으로 가고, 아빠 토끼가 편지를 읽는 장례식 풍경도 정갈하게 묘사되었습니다. 더할 것도, 뺄 것도 없는 문장은 미피 눈에 비친 '가족의 죽음'을 직관적으로 보여 줍니다. 아이의 충격을 덜어 주려고 죽음을 미화하고, 에둘러 이야기하는 방법이 능사는 아닙니다. 이 그림책처럼 미사여구 없이 사실 그대로 이야기하는 방법이 아이의 회복을 돕는 가장 빠른 길일 수 있습니다. 미피가 할머니의 죽음을 받아들이고 이해하며 자기 역할을 자연스럽게 깨닫는 것처럼 말입니다.

친구를 잃은
아이들에게

20여 년 전, 4학년 아이들과 함께 지냈을 때의 일입니다. 학기 초 학부모 면담에서 한 부모님으로부터 아이의 건강이 안 좋다는 이야기를 들었습니다. 아이는 1년 전부터 항암 치료를 받고 있는 중이었습니다.

아이는 자주 결석을 했습니다. 그래도 학교에 오는 날이면 책을 가져와 친구들에게 읽어 주었지요. 글도 곧잘 써서 읽는 사람을 늘 흐뭇하게 만드는 친구였습니다.

야속하게도 허락된 시간은 그리 길지 않았습니다. 아이는 다시 입원을 했고, 경과가 좋지 않다는 소식이 들려왔습니다. 친구들이 함께 이별을 준비하도록 해야 하나, 여러 고민으로 망설이다 시간이 흘렀습니다. 아이의 부모님은 친구들에게 투병 사실을 숨기길 바라고 있었습니다. 아이가 회복할 수 있다는 희망을 놓지 않아서일 거라고 짐작했습니다. 아이가 일상으로 돌아왔을 때 전과 조금도 달라지지 않는 학교생활을 하길 바랐을 것입니다.

얼마 후, 아이가 숨을 거뒀다는 연락이 왔습니다. 교사도 친구들도 아무것도 전하지 못한 채로 그렇게 보내게 된 것입니다. 어머니는 아이에게 마지막으로 교실을 보여 주고 싶다고 했습니다. 뒷문으로 들어온 영정사진 속에서 아이는 활짝 웃고 있었습니다. 다른 친구들은 눈물만 흘리며 제 뒤로 숨었습니다. 너무 이른 죽음이었습니다. 그해에는 반 아이들과 친구의 죽음에 관해서 아무것도 이야기할 수 없었습니다. 적절한 때에 아이들과 죽음을 이야기했어야 한다는 후회가 오랫동안 마음을 짓눌렀습니다.

몇 년 후, 당시 아이들이 찾아왔습니다. 먼저 떠난 아이의 이야기가 자연스럽게 나왔습니다. 애도를 건네기에 너무 늦은 시간은 없다면, 지금이라도 그때 이야기를 꺼내야 하지 않을까 싶었습니다. 어떻게 하면 좀 더 편안한 분위기를 만들 수 있을지 고민하면서 그림책 『내 친구 네이선』을 꺼냈습니다. 불덩이 같은 감정을 내려놓는 데에도, 끄는 데에도 익숙하지 않았을 아이들. 아이들이 애도의 터널을 무사히 지나려면 어떻게 해야 힐까요? 작가는 그 해답을 주인공 잭의 주위 사람들에게서 찾았습니다.

친구를 잃은 아이가 회복으로 나아가는 과정

작가 메리 바는 친구의 죽음을 슬퍼하는 여덟 살 조카를 위해 이 그림책을 썼습니다. 그래서인지 책 어디에서도 네이선이 왜 죽었는지 알려 주지 않습니다. 다만 남겨진 사람들에 초점을 맞춥니다.

이야기의 시작은 다소 갑작스럽습니다. 배경이나 상황 설명 없이 첫 페이지부터 "네이선이 있었다면" 오늘 쓸 야구 모자를 같이 골랐을 거라고 탄식하는 목소리가 들려옵니다. 그 목소리는 잭의 것입니다. 잭은 책 전반부 내내 네이선을 부르며 담담하지만 애끓는 혼잣말로 친구를 그리워합니다. 제일 친한 친구를 잃고 이제 자신은 어떻게 해야 하느냐는 잭의 물음에 답해 주는 사람은 아무도 없었습니다.

한 장 한 장 넘기며 이야기를 읽는 동안 아이들은 옆에 앉은 친구의 손을 잡기도 하고 눈물을 닦기도 했습니다. 저는 세상을 떠난 친구의 이름을 조심스럽게 꺼냈습니다.

"얘들아, 지금 ○○이를 만나면 물어보고 싶은 게 있을까?"

아이들은 그날로 돌아갔습니다.

"아픈 걸 몰라 주는 우리가 밉진 않았는지 물어보고 싶어요."

"하늘나라 가서도 책 많이 읽는지요."

"그냥 미안하다고 하고 싶어요."

"어머니가 왜 ○○이가 아픈 걸 숨기셨는지 알 것 같아요. 저

『내 친구 네이선』

메리 바 글, 케런 A. 제롬 그림, 신상호 옮김, 동산사, 2014

단짝 네이선을 잃은 아이는 상실감에 스스로를 고립시킵니다.
하지만 주위에는 그 아픔을 묵묵히 지켜보고 위로하는
멋진 어른들이 있습니다.

에게 만약 그런 일이 있다면…… 저는 다 말할래요. 따뜻하게 이별하는 시간이 필요할 것 같아요."

아이들은 친구의 아픔을 헤아리지 못했던 시간을 자책하면서 먼저 떠난 친구를 그리워하고 있었습니다. 너무 미안했습니다. 우리가 같은 교실에 있었을 때 그 감정을 나눌 수 있었다면 어땠을까요. 보고 싶다고, 하늘나라에서는 아프지 않으면 좋겠다고 편지라도 한 통 남겼으면 어땠을까요. 친구가 잠든 곳으로 다 같이 찾아가 모두 한마디씩 건넬 수 있었다면 어땠을까요. 아이의 영정이 교실로 들어왔을 때, 선생님 뒤로 숨었던 친구들을 앞으로 이끌고 조금이라도 감정을 꺼내 보일 수 있도록 도왔더라면 어땠을까요.

친구를 더 이상 볼 수 없다는 충격, 그리움, 친구가 아파할 동안 위로의 말을 건네지 못했다는 자책감을 우리는 다시 꺼내 나누었습니다. 쉽지 않은 시간이었지만 조금씩 마음을 열어 보이며 서로를 위로했습니다. 그 시간을 얼마나 미뤄 두었는지, 얼마나 오래 아파했는지는 더 이상 중요하지 않았습니다. 이제라도 서로의 애도를 도울 수 있다는 사실만이 커다란 의미로 남아 있었습니다.

어른은 무엇을 할 수 있을까?

이 그림책에는 잭의 애도를 돕는 사람이 여럿 등장합니다. 먼저 브리클리 선생님 이야기를 하겠습니다. 선생님은 잭과 친구들과 네이선을 추억하는 상자를 만듭니다. 아이들이 네이선을 잘 떠나보낼 수 있도록 특별한 애도의 시간을 만들어 주고 싶었을 겁니다. 상자에는 '네이선' 하면 생각나는 것들을 넣기로 하지요. 잭은 추억거리를 정하지 못합니다. 선생님은 어떤 질문을 해도 좋다고 하지만 잭은 아무것도 묻지 않습니다.

잭의 아빠는 잭이 네이선과 둘만 올라갈 수 있었던 나무 요새에 간다고 해도 말리지 않습니다. 아이가 친구를 잘 떠나보낼 수 있도록 그저 지지해 줍니다. 포터 할아버지는 잭의 이야기를 가만히 들어 줍니다. 네이선이 있었을 때 둘은 할아버지네 딸기밭에서 함께 딸기를 따 먹기도 했거든요.

잭은 둘만의 숲으로 들어가 보기도 하고 나무 요새에서 네이선이 아끼는 야구 방망이를 안고 비스듬히 누워 있기도 합니다. 친구와 함께한 시간을 더듬어 가는 잭을 주위 어른들은 지켜봐 줄 뿐입니다.

잭이 슬픔과 고통에서 점점 회복해 가고 있음을 보여 주는 상징은 바로 '사다리'입니다. 네이선과 오로지 둘만 갈 수 있었던 나무 요새. 네이선 동생 메리가 아무리 올라오고 싶어 해도 허락하지 않았던 그 나무 요새에서 잭은 비로소 다른 사람을 위해 사다리를 내리거든요. 요새에 혼자 머무는 잭을 물끄러미 올려다보는 메리의 모습은 네이선이 다른 사람에게도 마음을 열어 줄 것임을 암시하기도 합니다.

단짝 친구를 잃고 마음의 사다리를 거둔 모든 아이들에게 브리클리 선생님, 포터 할아버지, 잭의 아빠 같은 어른이 되겠다 다짐해 봅니다. 애도의 타이밍을 놓쳐 아이들이 힘들어하지 않도록, 죽음과 상실을 용기 있게 이야기하는 어른이 되겠습니다.

 **친구를 떠나보낸 이들을 위로하기**

『철사 코끼리』

고정순 글·그림
만만한책방, 2018

소년 데헷과 아기 코끼리 얌얌은 깊은 우정을 나눕니다. 얌얌이 죽고 슬픔에 잠긴 데헷은 철사로 거대한 코끼리를 만들어 함께 다닙니다. 철사 코끼리를 만드느라 데헷의 손은 상처투성이였고 거대한 철사 뭉치가 끌려 다니는 소리를 사람들은 질색팔색하기도 합니다. 하지만 철사 코끼리를 어떻게 할 수 있는 사람은 아무도 없습니다.

　이 그림책에서 눈여겨본 존재는 소년의 외삼촌인 대장장이입니다. 데헷은 돌산을 넘어 대장간까지 철사 코끼리를 데리고 가고 대장장이 삼촌은 그 쇳물로 작은 종을 만들어 줍니다. 종이 울릴 때마다 얌얌이 말을 건네는 듯합니다.

　만약 주위에 거대하고 무겁고 날카로운 철사 코끼리를 들고 다니는 아이가 있다면 어른으로서 무엇을 할 수 있을까요? 버리라고, 철사를 그만 뭉치라고, 시끄러우니 다른 곳으로 가 버리라고 할 수 있을까요? 우리 주위의 많은 '데헷'들이 대장간에 철사 코끼리를 넣을 때까지 기다려 주는 것은 누구의 몫이 되어야 할까요?

반려동물을 보내며

죽음에 관해 이야기하자면 반려동물 이야기를 빼놓을 수 없습니다. 반려동물을 가족으로 맞이하는 가정은 점점 늘지만 그 상실감을 돌볼 수 있는 사회적 체계는 미흡합니다. 인도적인 방법으로 장례를 치르려고 해도 제약이 많습니다. 반려동물을 떠나보낸 많은 반려인이 동물 사체를 폐기물로 보는 제도에 한 번 상처받고, 정식 허가를 받지 않은 장례 업체를 거르기 어려워하며 또 한 번 상처받습니다. 그 모든 일에는 시간이 필요하지만 장례 휴가를 보장받을 수 없는 경우도 많습니다. '동물의 죽음에 그렇게까지?' 하는 사회적 시선도 건강한 애도에 방해물이 됩니다.

어린이에게는 반려동물과의 작별이 죽음을 처음 인식하고 이해하는 계기가 되기도 합니다. 반려동물의 평균 수명을 생각해 보면 어린 시절부터 함께 자란 동물이 인간보다 먼저 죽음을 맞이하는 것은 당연한 일이지요. 반려동물이 병에 걸려 갑작스럽게 세상을 떠나는 경우, 그 죽음은 아이에게 '첫' 상실로 깊은 고통을 남기게 됩니다. 아이들과 반려동물의 죽음을 이야기하는 일이 매우 중요한 이유입니다. 많은 그림책에서 이 주제에 관해 들려주고 있는데요. 아이들 일상과 단단하게 밀착된 작품을 고르라면 『이젠 안녕』을 선택하고 싶습니다. 학생들과 해마다 함께 읽은 그림책이기도 합니다.

호퍼를 보내기 싫었던 해리의 진솔한 작별 인사

『이젠 안녕』은 해리가 반려동물 호퍼를 떠나보내고 상실감을 극복해 가는 이야기입니다. 표지를 보면 해리와 호퍼의 더할 나위 없이 다정한 모습이 곧 지면 밖으로 나올 것만 같습니다. 지그시 감은 해리의 눈과 해리를 안고 얼굴을 핥는 호퍼, 이 한 장면으로 둘 사이가 전부 설명되지요.

아빠와 단둘이 사는 해리에게 호퍼라는 강아지 친구가 생깁니다. 호퍼는 해리를 처음 봤으면서 낯도 가리지 않고 뛰어가 안깁니다. 반려견을 키워 본 사람은 이 장면에서 가슴이 얼마나 벅차오르는지 느낄 수 있을 듯합니다. 둘은 차곡차곡 우정을 쌓아 갑니다.

어느 날 해리가 학교에서 돌아오자 아빠는 호퍼가 사고로 죽

『이젠 안녕』

마거릿 와일드 글, 프레야 블랙우드 그림, 천미나 옮김, 책과콩나무, 2010

친구이자 가족이며 무조건적으로 나를 사랑해 준 존재였던
반려견 호퍼를 잃은 해리가 죽음을 받아들이는 과정을 담았습니다.
반려동물을 잃고 고독과 상실감을 겪는 아이를
가까운 어른이 어떻게 대해야 하는지 보여 줍니다.

었다고 합니다. 슬픔은 구석에 숨어 있다가 우리 앞에 갑작스럽게 끼어들어 발목을 잡아채는 존재 같습니다. 호퍼가 존재하지 않는다는 사실을 받아들일 수 없는 해리는 눈에 들어오지도 않는 텔레비전을 뚫어져라 봅니다. 아빠가 호퍼와 작별 인사를 하겠느냐 물어도 못 들은 척합니다. 해리는 호퍼와 날마다 밤 인사를 나눴던 그 방에 머물고 싶지 않습니다. 아빠는 아들을 위해 거실 소파에 잠자리를 마련해 줍니다.

아빠는 학교에 가고 싶지 않으면 쉬어도 괜찮다고 하지만 해리는 학교에 갑니다. 아무에게도 호퍼와의 이별을 말하지 않습니다. 재잘거리는 아이들 사이에서 음료수를 마시며 홀로 생각에 잠긴 해리의 모습이 애처롭습니다. 해리는 다시 소파에서 잡니다. 그날 밤, 무슨 소리가 들려 깨 보니 어떤 개가 창가로 뛰어올라 자기를 보여 주고 있지 않겠어요? 호퍼였습니다. 해리는 문을 활짝 열고 호퍼를 끌어안으며 재회의 기쁨을 나눕니다.

해리와 호퍼는 마당에서 신나게 놉니다. 호퍼는 다음 날에도 찾아옵니다. 해리는 아빠가 믿지 않을까 봐 걱정스러워하며 호퍼를 만난 이야기를 합니다. 아빠는 그저 해리가 원할 때까지 소파에서 자도 된다고 이야기하지요. 그날, 웬일인지 호퍼는 창문으로 지기 모습을 보이지 않고 문 밖에 누워 울그리고 있습니다. 해리는 호퍼를 데리고 침대로 갑니다. 호퍼가 떠올라 차마 누울 수 없었던 곳입니다. 해리는 마지막 인사를 하고, 그림책은 호퍼 무덤 앞에 해리가 있는 장면을 끝으로 마무리됩니다.

　반려동물을 키워 보지 않은 아이들도 해리에게 감정을 이입합니다. 영혼이 된 호퍼를 껴안는 해리가 안타까웠지만 무덤 앞에 있는 마지막 모습에서 안심했다는 아이도 있습니다. 강아지, 고양이도 엄연한 가족이므로 해리가 학교에 나가지 않아도 이해해야 한다는 의견 또한 공감을 불러왔습니다. 언젠가 부모님을 떠나 보낼 텐데, 호퍼의 무덤 앞에 앉아 있던 해리를 떠올리며 힘을 내겠다는 이야기도 마찬가지였습니다.

　당시 아이들이 쓴 글에는 이런 이야기도 있습니다.

　"해리는 현실을 부정하고 싶겠지만 반려동물을 사랑한다면 그 죽음도 인정하고 최대한 평안하게 보내 줘야 한다. 사람과 이별도 마찬가지 아닐까? 붙잡고 울며 매달리면 떠나는 사람을 힘들게 할 것이다. 마지막 부분을 읽을 때 가슴이 먹먹했다. 나는 이 이별이 해리에게 도움이 될 거라 생각한다. 해리는 호퍼의 소중함은 물론 사랑하는 사람과 언제까지 함께 있을 수 없다는 것을 몸소 느꼈다. 해리는 언제고 호퍼와 놀 수 있다. 호퍼는 해리의 마음속에 영원히 남아 있기 때문이다."

　"나는 개를 키우지 않는다. 그래도 해리에게 호퍼는 아주 소중한 존재였을 것 같다. 책을 다 읽고 선생님은 우리에게 물으셨다. 해리 아빠가 아들이 충격받을 걸 알면서도 호퍼가 죽었다고 직접적으로 말하는 장면을 어떻게 생각하냐고. 나라도 그랬을 것이다. 그 사실을 숨겨 두고 나중에 말하면 해리가 더 슬플 것이다. 해리도 언제까지나 어린아이로만 살 수 없고 어려움을 극복하는 과정을 경험해 봐야 한다. 자기만큼 아끼는 존재를 잃은 해리를 위로해 주고 싶다."

아이들은 해리와 호퍼를 통해 반려동물을 잃은 사람의 아픔을 간접적으로 경험하면서 조금씩 단단해졌을 것입니다. 다른 사람의 슬픔을 헤아리고 상실의 시간을 어떻게 함께해야 하는지 생각해 보도록 한다는 점에서 그림책 읽기가 의미 있는 시간이 되는 거겠죠.

반려동물의 죽음을 가볍게 여기지 마세요

죽음교육에서 반려동물의 상실을 중요하게 보는 이유는 사람의 죽음과 달리 '드러낼 수 없는' 슬픔이라는 인식 때문입니다. 동물의 죽음 앞에서 고통스러워하는 자신을 유난이라고 생각할까 봐 주위에 알리지 않는 반려인이 많습니다. 그림책에서 해리가 학교에 호퍼의 죽음을 말하지 않았던 것처럼, 저에게도 그런 제자가 있었습니다. 아이의 반려견이 죽었다는 사실을 뒤늦게 알게 됐지요. 그림책 『내가 가장 슬플 때』를 읽고 아이들에게 언제 가장 슬펐는지 물었을 때였습니다. 사람이 죽은 것도 아닌데, 자기를 이상하게 볼까 봐 알리지 않았다는 겁니다. 강아지 이불을 품에 안고 울다가 겨우 학교에 왔던 시간, 밥도 먹고 싶지 않을 만큼 슬펐지만 친구들과 열심히 이야기하고 열심히 놀았던 시간을 고백하며 아이는 펑펑 울었습니다. 놀랍게도 아이들은 우는 친구를 그저 기다려 주었습니다. 쉬는 시간에 편지를 써 주기도 하고 리본을 만들어 건네기도 했습니다. 반려동물의 죽음 앞에서 아이들은 극도의 상실감으로 힘겨워하지만 등교하지 않고 추모의 시간을 보낼 수 있도록 배려하는 규정은 없습니다. 어른도 아이 못지 않게 슬픔을 가누기 힘들어하는데도 필요한 만큼 애도의 시간을 보내기가 어렵습니다. 감정을 숨기고 겨우겨우 몸을 일으켜 출근하지만 정작 어떻게 일을 했는지 모를 정도로 정신은 지쳐 있습니다. 밥 먹기, 운전하기 등 일상적인 일들을 수행하는 데 문제가 많지만 동료 앞에서 태연한 척 가면을 씁니다. 슬픔에 충분히 머무르지 못한 사람의 일상에는 균열이 생기기 마련입니다. 일에도 지장이 있겠지요. 반려동물도 가족이라는 '인식'을 '제도'가 따라가지 못하는 현실은 결국 사회 공동체를 병들게 하는 화살로 돌아올 것입니다.

   죽음교육에서 반려동물의 상실을 중요하게 보는 또 다른 이유는 안락사와 연관되어 있습니다. 우리나라에서는 연명치료의 중단은 허용되지만 안락사는 불법으로 간주합니다. 하지만 동물의 안락사는 다양한 이유로 허용됩니다. 보호소에 자리가 없거나 방치되어 떠도는 아이라며 안락사로 숨을 거두는 동물들이 많습니다. 반려동물이 병을 회복할 수 없는 상태에서 극심한 고통에 시달리면 동물병원에서 안락사를 권하기도 합니다. 그때부터 반려인은 어마어마한 스트레스에 빠지게 됩니다. 모든 경우의 수가 자신에게 달린 것이나 마찬가지이기 때문입니다. 펫로스를 주제로 한 책 『개를 잃다』와 『펫로스 – 반려동물의 죽음』에서는 안락사가 결국 가족이 내리는 주관적 판단임을 강조합니다. 동물 관련 전문 저술가인 엘리 H. 라딩어는 반려견이 삶을 즐기고 있다는 작은 신호 즉 꼬리치기, 미소, 배를 보이는 행동 등을 아는 사람이 반려인이라고 이야기합니다. 신뢰하는 수의사 의견도 중요하지만 반려견의 상태가 안락사의 이유가 되는지, 증상을 조금이라도 회복할 수 있다는 징후인지 판단하는 주체는 결국 우리라고요.

수많은 고민과 눈물로 지새우는 시간이 지나면, 어떤 결정을 내리든 반려동물은 '무지개다리'를 건너게 됩니다. 두 책은 반려인이 마음을 추스를 수 있는 방법으로 수필, 시, 일기, 동물의 일대기 등 다양한 '쓰기'를 강조하는데요. 함께 눈여겨볼 만한 부분으로 '사람'에 관한 이야기가 있습니다. 섣부른 동정을 건네기보다 정서적 지지대가 되어 주는 사려 깊은 사람, 상실감을 함께 나누는 자조모임을 언급합니다. 그림책에서는 그 사람이 바로 아빠였습니다. 호퍼의 사고를 숨기지 않았고, 호퍼와 마지막 인사를 나누지 않겠냐 물어봐 주었지요. 학교에 나가지 않아도 된다고 하고, 소파에서 더 자도 된다고도 했습니다. 죽은 강아지와 밤에 놀았다는 아이의 말을 듣고 별별 생각이 다 들었겠지만 표현하지 않았습니다. 상실감의 무게를 저울질하기만 하는 사회에서 우리 개개인이 먼저 할 수 있는 일은 묵묵히 소파를 준비해 두는 것입니다. 누군가의 직장동료로서, 선생님으로서, 친구로서, 가족으로서 '나'는 반려동물의 죽음을 어떤 시각으로 보는지 점검해 보길 바랍니다. 우리 모두는 사랑하는 존재를 잃고 고통을 느낄 수 있습니다. 그 사실을 인식하고 나와 타인의 동질감을 깨닫게 되길 바랍니다. 그 동질감의 총량이 늘어날 때 사회적인 돌봄 체계도 작동하기 시작하고, 변화에도 속도가 붙을 테니까요.

 **더 읽어 볼 그림책** 반려동물의 죽음을 추모하기

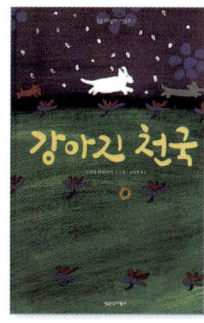

『강아지 천국』

신시아 라일런트 글·그림
류장현 옮김, 책공장더불어, 2013

나와 영혼을 나누던 강아지가 죽어서 천국에 가 있을 거라는, 반려인들에게 큰 위로를 주는 그림책입니다.

강아지 천국에는 강아지가 신나게 달릴 수 있는 들판이 넓게 펼쳐져 있습니다. 그곳에는 할아버지가 있는데 강아지가 좋아하는 과자를 재미난 모양으로 만들어 줍니다. 할아버지는 강아지를 위해 침대도 만들고 강아지가 잠들면 다정한 눈빛으로 지켜봅니다. 강아지들은 그곳에서 살고 싶을 때까지 살아갈 수 있습니다. 천국 문 앞에서 반려인을 기다릴 수도 있습니다. 신시아 라일런트의 다른 책 『고양이 천국』도 함께 읽길 권합니다. 고양이의 습성에 맞는 완벽한 천국이 펼쳐져 있습니다.

두 그림책은 반려동물의 사후세계에 관한 이야기이며 동시에 이곳에 남아 있는 우리를 위한 이야기라 할 수 있습니다. 반려동물이 좋은 곳에서 행복하게 지내길 바라는 마음은 동물 친구들을 떠나보낸 사람에게 더할 나위 없는 위로가 됩니다.

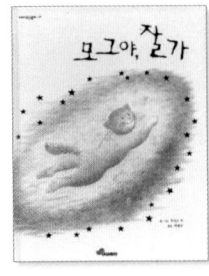

『모그야 잘 가』
주디스 커 글·그림
박향주 옮김, 대교출판, 2005

반려묘의 죽음과 반려인의 삶을 애정 어린 시선으로 담아낸 세계적인 작품입니다. 영원히 잠들고 싶어 하던 모그는 꿈을 꾸듯 평온하게 숨을 거둡니다. 그런데 모그는 가족을 온전히 떠난 것이 아니었습니다. 영혼의 모습으로 집에 머무는 모그. 가족은 새로 아기 고양이를 맞이하고, 모그는 가족들이 알아채지 못하게 아기 고양이를 소개해 주느라 바쁩니다.

　이 그림책을 읽을 때에는 반려동물이 떠나고 얼마 후에 새 식구를 맞이하면 좋을지 이야기 나눠 보길 바랍니다. 회복의 시간은 저마다 다르지만 중요한 사실은 '생명이 대체되는' 듯한 인상을 주어서는 안 된다는 점입니다. 세상을 떠난 반려동물이 모그처럼 우리를 지켜보고 있다면 새 식구를 맞이하려는 마음, 그 과정이 이 세상의 모든 '모그'를 슬프게 하지는 않을지 심사숙고해야 합니다.

4장

사회적인 죽음에 대하여

우리는 필연적으로 타자의 도움과 연결되어 있습니다.
함께 애도하는 데에 책임이 있는 이유가
여기에 있습니다.

동물의 희생을
기억해야 해요

2010년 겨울, 우리나라에서 돼지 약 330만 마리, 소 약 15만 마리가 살처분되는 일이 있었습니다. 전염병을 예방한다는 목적 때문이었지요. 약물을 주입해 그나마 인도적으로 생명을 거두는 방법도 있었겠으나, 인간은 효율성과 비용이라는 논리만 앞세웠습니다. 이 비극적인 죽음을 다룬 많은 기사도 '살처분'이라는 말로 한 생명의 무게를 대체할 뿐이었습니다. 땅에 산 채로 묻히는 동물들이 '생명'이었다는 사실보다 전염의 공포, 고깃값 인상, 환경 오염에 관한 이야기가 중요해 보이기도 했습니다.

그림책 『돼지 이야기』는 당시 아비규환의 풍경이 돼지의 눈에 어떻게 비쳤는지 우리가 똑바로 직시하도록 합니다. 글도 담담하게 이어지고, 그림 또한 꽤 사실적이고 충격적입니다. 독자에게 불편한 질문을 계속해 던지며 말을 걸어 오지요.

책을 엎은 채 앞뒤 표지를 함께 펼쳐 봅니다. 돼지 한 마리가 깜깜한 밤하늘을 향해 고개를 한껏 내밀고 펄펄 날리는 함박눈을 맞고 있습니다. 아예 눈꽃에 취해 있네요. 고개를 쳐든 각도며 지그시 감은 눈, 살짝 올라간 입꼬리에서 녀석이 지금 얼마나 행복한지 알 수 있습니다. 보드랍고 촉촉한 돼지 코끝에 살포시 내려앉는 눈송이들은 행복한 이야기를 상상하게 합니다.

그림은 온통 검고 어둡습니다. 그림책은 축사 안에 갇힌 수많은 돼지 중 한 마리에게 조명을 비춥니다. 새끼에게 젖을 물리고 있는 어미돼지의 모습이 얼핏 보면 평화로워 보입니다. 글은 그림에 없는 사실을 들려줍니다. 새끼를 낳도록 길러지는 어미돼지는 딱 숨 쉬고 먹을 수 있을 만큼만 허락된, 꽉 낀 공간에서 살아갑니다. 폭 60센티미터, 길이 2미터쯤 되는 분만틀에서 새끼를 낳고 젖을 물리죠. 틀이 너무 좁아 새끼를 안아 줄 수도, 핥아 줄 수도 없습니다. 분만틀에서 어미와 헤어진 새끼 돼지들은 상처 없는 고기가 되기 위해 꼬리와 이빨이 잘립니다. 그들은 어미와 마찬가지로 제 엉덩이도 볼 수 없는 사육틀에서 자라다가 그 삶을 대물림합니다.

인근 축사에 구제역이 덮치자 사람들은 전기 막대와 몽둥이를 들고 깊은 구덩이로 돼지들을 몰고 갑니다. 아무것도 모르는

『돼지 이야기』

유리 글·그림, 이야기꽃, 2013

인간 위주의 관점 뒤에 소거된
'한 생명' '어미' '자신의 세계를 인식하는 한 존재'의 삶을 들여다보게 합니다.
한 생명이 의식이 있는 채로 느껴야 했던
어마어마한 고통, 공포, 눈물, 비명을 엄중하게 그려 내며
인간과 동물의 관계가 어떠해야 하는지 묻고 있습니다.

돼지들은 함박눈 내리는 하늘을 올려다봅니다. 뜻밖의 외출에 한껏 부풀어 있는 것 같습니다. 돼지들의 처음이자 마지막 외출이었습니다.

구덩이 속에는 함박눈을 맞으며 영문도 모른 채 죽어 갈 돼지들이 빼곡합니다. 그 눈높이에서 그려진 그림은 사뭇 충격적입니다. 목을 길게 빼고 위쪽을 올려다보는 돼지들의 눈에는 포크레인, 힘주어 버티는 돼지들, 끝내 구덩이로 떨어지고 마는 돼지들이 보이겠지요. 미치지 않고서는 버티지 못할 것 같은 공포 속에서 무고한 생명들의 비명이 들리는 것 같습니다. 그곳에 있지 않은 사람이라면 살처분 과정이 얼마나 아비규환이었을지 짐작만 할 수 있겠지요. 돼지들은 새끼가 지켜보는 앞에서 죽음 속으로 떠밀려야 합니다. 굴삭기는 무심하게 그다음 돼지를 향해 갈 것입니다. 인간에게는 한 생명의 비명과 죽음이 '차례대로 줄을 서 버스를 기다리는' 정도의 무게감인 걸까요?

책장을 덮으며 마음이 더욱 불편해집니다. 우리가 사는 세계의 한쪽에는 아무런 죄책감 없이 다른 생명을 취하는 누군가가 있습니다. 다른 쪽에는 태어나는 순간부터 영문도 모른 채 죽음을 목전에 두어야 하는 생명이 있습니다. 흑과 백만 공존하는 이 그림책은 '한쪽'과 '다른 쪽'이 함께 살아가는 곳이 바로 우리가 살아가는 세계라는 것을 말하는 듯합니다.

새끼 돼지는 이 죽음을 어떻게 바라보고 있을까요? 우리는 이 죽음을 어떻게 바라봐야 할까요?

ⓒ『돼지 이야기』 유리, 2013, 이야기꽃

불편하지만 꼭 알아야 할 진실

이 그림책을 아이들과 함께 읽어도 될지 걱정이 앞섰습니다. 하지만 불편하다고 해서 모른 척할 수는 없었습니다. 인터넷 알고리즘으로 온갖 정보를 들여다보는 세대이니 자극적인 콘텐츠에 노출되지 않도록 오히려 먼저 이야기를 나눠야 한다는 의무감도 있었습니다.

예상대로 아이들의 표정이 편치 않습니다. 어른인 저도 마찬가지였습니다. 이토록 불편한 진실을 우리가 꼭 알아야 하는가? 살처분 말고는 다른 방법은 없는가? 그러면 고기를 먹지 말아야 하는가? 많은 질문이 나왔습니다. 꼼짝도 못 하는 축사에 갇힌 돼지의 한살이가 인간에게 무슨 의미일까요?

"선생님, 우리가 돼지처럼 누구의 소유여서 마음대로 사용되고 먹히거나 생매장당한다면 기분이 어떨까 생각해 봤는데요. 우리가 모든 것을 맘대로 해도 되는 건 아니라고 생각해요."

"물론 우리가 살려면 먹을 게 필요하죠. 그렇다고 생물들을 먹지 말라는 건 아니에요. 그냥 돼지도 '우리'라고 생각해 줬으면 좋겠어요."

"우리가 돼지고기를 먹어야 한다면, 선생님 이야기처럼 동물이 고통 없이 죽을 수 있어야 한다고 생각해요. 그리고 살아 있을 때만이라도 행복해야 해요."

태어날 때부터 인간에게 소비되는 존재로 길러져 비좁은 축사에서 삶을 시작하고 마감해야 하는 동물들, 그들도 저마다의 관점과 감각으로 세상을 바라보는 존재입니다. 막 낳은 새끼를 젖 한 번 물리지 못하고 인간에게 빼앗길 때면 구슬픈 울음소리를 내고, 죽을 것을 예감이라도 한 듯 도살장으로 향하는 트럭에 올라가지 않으려 안간힘을 쓰기도 하지요.

인간이 '만물의 영장'으로 불리고 있지만 정말 인간만이 모든 생명의 우위를 차지하는 존재일지, 아이들은 숙연해집니다. 고통스러워하는 동물의 비명을 뒤로하고 그들을 죽음 앞으로 이끌 만큼 비정하고 잔인해질 수 있는 존재도 인간이라는 사실을 깨달았기 때문일 것입니다.

우리 먼저, 고맙다고 말해요

그림책을 한 권 더 읽었습니다. 『고마워, 죽어 줘서』는 매일 우리 식탁에 오르는 고기에게 감사와 동시에 양해를 구하는 어린 아이의 고백입니다. 소는 죽어 식탁에 오르는 햄버그스테이크가 되었습니다. 아이는 소에게 고맙다고 말합니다. 반찬이 돼 준 돼지, 닭, 정어리, 연어, 꽁치에게도 고맙다고 합니다. 그러다 문득 고민에 빠집니다. 만약 누군가가 우리를 죽여 음식으로 먹는다고 하면, 나는 어떤 마음일까요? 아이는 그렇게 죽을 수는 없다고 이야기합니다. 참 이상하지요? 우리는 다른 생명을 먹으면서 살아가는데 말입니다.

사회적 죽음에 관련된 이야기를 하자면 인간의 식생활과 관련된 가축의 죽음을 이야기하지 않을 수 없습니다. 입장이 날카롭게 대립하다 보면 "가축을 죽이지 않기 위해 채식을 해야 할까?"라는 질문이 이어지기도 하지요. 그림책으로 아이들과 이 주제를 이야기할 때 채식이냐, 육식이냐에 초점을 맞추기보다 "우리 식탁에 음식이 오르기까지, 그 과정 안에 '죽음이 있다'는 것을 인식해야 한다."라는 데에 초점을 맞추길 권합니다. 아이들이 이 이야기를 읽고 돼지고기나 소고기를 안 먹는다고 하면 어쩌나 하는 걱정은 어른의 관점일지도 모릅니다. 그래도 우려가 된다면 우리가 고기를 먹는 일은 인간이 지구에 있었을 때부터 새겨진 DNA 같은 것이라고 안내해 주세요. 그저 자연스러운

『고마워, 죽어 줘서』

다니카와 슌타로 글, 쓰카모토 야스시 그림, 가노 후쿠미 옮김, 나린글, 2017

'먹는 일' 뒤에 '죽음'이라는 엄중한 사실이 있음을 알려 줍니다.
제목에도 나와 있듯 우리가 해야 할 일은
식탁에 오른 동물들에게 고마운 마음을 품는 것입니다.

일이라고요.

　반 아이들과 『고마워, 죽어 줘서』 이야기를 했을 때 우려하는 말은 나오지 않았습니다. 밥을 먹기 전에 고맙다고 이야기할 수 있게 되었다는 감상이 이어졌습니다. 그림책을 읽었을 때는 "힉!" "윽!" "소야 미안해!" 하며 나름 과장된 반응을 보이더니 정작 입에서 나오는 말은 차분하기 그지 없습니다. 급식 시간에도 언제 그런 책을 읽었냐는 듯 잘 먹습니다. 모르긴 해도 속으로 '고마워, 잘 먹을게.'라고 말하는 표정입니다.

 **인간에 의해 목숨을 잃는 동물들**

『사슴아 내 형제야』

간자와 도시코 글, G.D. 파블리신 그림
이선아 옮김, 보림, 2010

시베리아의 사냥꾼과 사슴은 형제라고 할 수 있습니다. 사슴은 사냥꾼의 옷과 신발이 되고 또 피와 살을 이루고 있기 때문입니다.

　사슴이 사냥꾼의 총에 맞아 쓰러졌을 때, 사냥꾼은 고맙다고 이야기하며 무릎을 꿇고 사슴의 가죽을 벗깁니다. 생존을 위해 총부리를 들었지만 동시에 그 죽음을 애도합니다.

자연의 위대함을 오롯이 전해 주는 그림 속에서 우리는 사슴 사냥 즉 동물을 취해 살아가는 일이 인간에게 거스를 수 없는 흐름임을 알게 됩니다. 하지만 인간은 결코 이기적인 존재로 그려지지 않습니다. 자연에 기대어 살아갈 수 있음에 감사를 전하고 사슴을 '형제'라고 부르는 모습은 사뭇 장엄하기도 합니다.

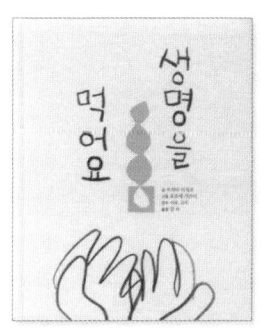

『생명을 먹어요』
우치다 미치코 글, 모로에 가즈미 그림
사토 고시 감수, 김숙 옮김, 계림북스, 2010

작가는 도축장에서 일하는 사카모토 씨의 강의를 듣고 이 그림책을 썼습니다. 배경이 없고 연필로 어린아이가 낙서하듯 그린 삽화가 인상적입니다.

사카노토 씨는 죽어 가는 소의 까만 눈과 마주칠 때면 이 일이 싫습니다. 어느 날, 사카모토씨의 도축장에 '미야'라는 소가 옵니다. 소의 주인인 할아버지가 형편이 어려워 어쩔 수 없이 팔게 되었습니다.

할아버지와 함께 온 소녀는 미야의 배를 문지르며 연신 미안하다고 이야기합니다. 그 모습을 본 사카모토는 차마 미야를 죽일 수 없다고 생각합니다.

결국 미야의 목숨을 거둬야 하는 날, 운명을 감지한 미야가 뿔로 위협하자 사카모토 씨는 미야에게 손을 내밀어 미안하다고 말합니다. 가만히 있어야 덜 괴롭게 끝난다고 부탁을 하기도 합니다. 우리가 고민해야 할 것은 고기를 먹지 않는 일이 아니라 소나 돼지의 마지막을 인도적으로 만들도록 노력하는 것 아닐까요? 동물이 살코기가 되는 과정에서 겪게 되는 고통을 최대한 줄여 주려는 마음은 단순한 동정이나 구제가 아닙니다. 그 뒤에는 생명의 존엄함에 대해 질문을 던지는 사람들이 있습니다.

오늘도 무사히 돌아오기를
일터로 향하는 모든 이들에게

노란 안전모를 쓴 아이가 의자에 앉아 고양이와 놀고 있습니다. 손에 로봇 장난감을 쥐고 있는데 표정은 어쩐지 담담하고 서늘해 보입니다. 장난감 놀이를 하는 아이에게 대체로 볼 수 있는 표정과 다르게 느껴지기도 합니다. 아이가 가리키는 곳에 쓰인 '엄마, 달려요'라는 문장에서 왠지 모를 무게감이 느껴집니다. 그림책 『엄마, 달려요』의 표지입니다. 작가명에 쓰인 '대만 산업재해피해자협회'라는 말과 안전모 이미지가 겹쳐져 가슴이 쿵 내려앉습니다. 우리 사회에도 일터에서 안타깝게 목숨을 잃는 일이 얼마나 많았나요.

이 그림책은 '나'가 병원 침대에 누운 아빠를 보는 이야기로 시작됩니다. 엄마는 아빠가 하늘나라로 갔고 다시 깨어날 수 없다고 이야기하지요. 엄마 이야기를 전하는 아이의 말은 담담하

『엄마, 달려요』

대만 산업재해피해자협회 글, 천루이추 그림, 김신우 옮김, 시금치, 2020

대만 산업재해피해자협회(TAVOI, Taiwan Association for Victims of Occupational Injuries)에서 산재 피해자와 유가족의 아픔을 치유하기 위해 펴낸 그림책입니다. 이 책은 죽음을 이해하지 못한 유년 시절, 그때의 아픔을 어떻게 받아들였는지 되새겨 본 결과물이자 상해와 죽음을 마주한 이들을 위한 치유 프로그램의 일종이라고 할 수 있습니다.

게 다가옵니다. 그리고 그날부터, 엄마 머리 위로 난데없이 구름이 한 조각 생겨납니다. 그림에서 엄마는 겨우 머리만 가리는 작은 우산을 쓴 채 온몸으로 비를 맞으며 우는 모습으로 표현됩니다. 아이가 그린 그림인 것 같습니다.

엄마는 손님이 와도 웃으며 말하지 않습니다. 울고, 또 울고, 또 웁니다. 밥도 먹지 않고 책상 위 종이만 들여다보기도 합니다. 주인공 아이는 그 종이가 무엇인지 몰랐지만 어른인 저는 직감적으로 떠오르는 것이 있었습니다. '혹시 아빠의 회사와 힘겹게 싸우는 중일까?' '보험과 관련된 서류일까?' '슬픔을 애도하기만 해도 힘든 시간일 텐데 그다음 일까지 눈을 부릅뜨고 봐야 한다면 얼마나 고달프고 지칠까?' 찰나의 장면을 그냥 지나치지 못한 이유는 필연적으로 목도할 수밖에 없었던 우리 사회의 여러 안타까운 죽음 때문이었던 것 같습니다.

우리나라 산재사망률은 경제협력개발기구(OECD) 회원국 중 2006년, 2011년을 제외하고 23년 간 1위를 기록하고 있습니다. 일터에서 죽어 간 노동자들이 1년에 800명이 넘습니다. 산재로 인정받지 못하고 숨진 노동자까지 포함하면 훨씬 더 많겠지요.

2021년 1월, 국회에서 중대재해기업치벌법법이 다시 논의되기 시작하며 산재로 고통을 겪은 사람들이 기자회견을 열었습니다. 그중에는 산재로 가족을 잃은 사람들도 나왔지요. 고교

엄마가 밥도 먹지 않고 종이들을 들여다보는 이유는 무엇일까요?

ⓒ『엄마, 달려요』, 대만 산업재해피해자협회, 천루이추, 2020, 시금치

현장 실습으로 아들을 잃은 어머니, 건설 현장에서 목숨을 잃은 청년 노동자의 누나, 열악한 방송 제작 환경을 고발했던 피디의 동생이 이야기를 이어 갔습니다.

그 이야기에는 남겨진 사람들이 치열하게 건널 수밖에 없는 삶이 있었습니다. 유가족은 충격과 분노, 비탄을 드러내 보이지도 못한 채 한 번도 경험하지 못한 삶의 문을 열고 들어가야만 합니다. 잘못을 인정하지 않으려는 사람들, 손 놓고 있던 수사 기관을 대신해 원인을 밝히고 대책을 마련하는 데 온 힘을 쓰고 있었습니다. 벼락같이 닥친 충격과 슬픔을 조금이라도 추슬러

야 할 사람들이 죽음의 현장을 직접 목도하고 싸움을 이어 가며 두 겹의 고통을 져야 했던 것입니다.

갑작스럽게 가족을 잃은 사람을 위해

메사추세츠주 주립병원 하버드아동사별연구소의 책임연구원이며 사별 애도 전문가인 윌리엄 워든 박사는 갑작스럽게 상실을 겪은 유족에게 필요한 몇 가지 방법을 이야기합니다.

우선 고인의 시신을 확인하는 방법 등으로 죽음을 현실화해야 한다고 조언합니다. 보낼 준비가 되어 있지 않은 상태에서 상실을 경험하면 그 사람이 떠났다는 사실, 다시는 돌아올 수 없다는 사실을 부정합니다. 이 방법이 충격을 잠깐 유예할 수는 있지만 장기적으로는 결코 바람직하지 않으며, 충분한 애도를 거치기 위해서는 예상하지 못했던 죽음도 받아들여야 한다고요.

워든 박사의 조언 중 의미 있게 볼 내용이 있습니다. 바로 고통을 회피하거나 억압하지 않는 것입니다. 주위에서는 유가족들이 하루빨리 슬픔에서 나오길 바라며 "곧 괜찮아질 것이다." "산 사람은 살아야 하니 가슴에 묻자." "착한 사람이었으니 좋은 데 갔을 기야."라고 위로를 건네는 경우가 많습니다. 이런 식이 상투적인 말은 도움이 안 된다고 합니다.

그렇다면 유족의 애도를 위해 할 수 있는 일은 무엇이 있을까요? 따듯한 마음으로 고통의 기나긴 시간을 함께해 준다는 자세가 도움이 된다고 합니다. 유족들이 고인과 계속 연결되어 있다는 느낌을 받으며 정서적 안정감을 가질 수 있는 특별한 공간이 있으면 더 좋습니다. 유가족이 혼자서 어둠에 갇히지 않게, 자조 모임과 지지집단에 나올 것도 권합니다. 마지막으로 죽음과 관련된 추모 의례를 활용하라고 권합니다. 유가족에게 추모 문자나 카드를 보내 함께 애도함을 알리고 고인을 기리는 의례에도 참여하라는 권고입니다.

기자회견에 나선 유족들도 저마다의 방식으로 고인을 애도하고 있었습니다. 다시는 같은 일이 일어나지 않도록 노동 인권 센터를 만들기도 하고 고통의 시간을 책으로 풀어내기도 했습니다. 회사에서 부당한 대우를 받은 노동자들과 연대해야 하는 자리에 달려가 힘을 보태기도 했지요. 이 사회적인 애도에 많은 사람들이 동참하고 있었습니다. 고인의 친구, 지인, 동료, 고인을 알지 못했지만 사회 구성원으로서 책임을 통감하고 있는 모든 사람들이 세상을 떠난 이들을 추모하는 다양한 자리에 함께 하고 있었지요.

우리는 모두 연결되어 있습니다

다시 그림책을 들여다봅니다. 엄마와 아빠가 양 날개를 이루던 이 가족은 한쪽 날개를 잃었습니다. 누군가는 삶이라는 비행기를 조종해야 하기에 아이를 세심하게 들여다보지 못하는 날도 생기게 되지요. 아이는 아빠의 죽음에 슬퍼하지만 엄마가 방학이 끝나 갈 즈음 놀러 가자던 약속을 잊어 서운해하기도 합니다. 아이들에게는 슬픔과 별개로 다른 친구들처럼 평범한 어린 시절을 보내고 싶은 마음도 있기 마련입니다. 엄마는 때로 식사를 챙기지 못하기도 합니다. 아이는 어디선가 풍겨 오는 밥 냄새를 맡고 맛있는 반찬들을 떠올립니다. 배고프다고, 아빠 있을 때처럼 다 같이 밥 먹고 싶다고 처음으로 자신의 욕구와 감정을 드러내는 아이, 엄마는 그제야 비로소 아이를 돌아봅니다. 아이의 슬픔을 알아차리고 꼭 안아 줍니다. 모자는 서로를 다시 마주합니다. 구름이 또 나타나면 함께 오토바이를 타고 바람을 쐬러 간다는 아이의 표정이 밝습니다. 아이는 구름 아래 갇힌 엄마를 다시 살아가게 하는 커다란 존재입니다.

 엄마와 아이가 함께 나아가는 모습 뒤로 고층 빌딩이 빽빽한 도시가 보입니다. 그곳은 많은 사람들의 일상 공간이기도 합니다. 아이 아버지의 죽음을, 아이와 엄마의 슬픔을 잊어서는 안 되는 이유가 여기에 있습니다. 우리가 먹고, 마시고, 보고 듣는 것, 우리를 살아가게 하는 모든 것은 필연적으로 타인의 도움과 연결되어 있습니다. 우리는 일터에서 생을 달리한 모든 이들의 죽음에, 그들을 함께 애도하는 데에 책임이 있는 존재입니다.

상실로 아파하는 사람들에게
건네면 안 되는 위로

갑작스럽게 가족을 잃은 사람에게 필요한 도움을 주는 것만큼, 그들을 불편하게 하지 않는 방법을 아는 일도 중요합니다. 미국에서 상실감 치유 전문가로 활동하는 존 제임스와 러셀 프리드먼의 조언을 공유합니다. 두 전문가는 유족에게 건네면 안 되는 이야기로 첫째, 상심하지 말라는 말을 꼽습니다. 자연스러운 감정을 거부하는 것이니 그 말을 건네면 안 된다고 하지요. 둘째, 사람을 잃은 상실감은 그 무엇으로도 대체될 수 없는데 사람들은 "젊으니까 새 사람 만나면 되지, 아기를 다시 가지면 되지."라는 식의 위로를 합니다. 이는 바람직하지 않습니다. 두 전문가는 슬픈 감정을 다른 사람에게 말하면 짐이 될 거라는 생각도 잘못됐다고 합니다. 기쁨을 나누는 것처럼 슬픔도 있는 그대로 누군가와 나누는 것이 건강한 선택이라고 조언하지요. 셋째, 시간이 약이다, 다 지나간다는 말도 다시 생각해 보라고 권합니다. 누군가가 다시 나아갈 힘을 얻었다면, 회복을 위해 뭔가 노력했기 때문이지 시간이 한 일은 아니라는 거죠. 이쯤이면 충분한 시간이 흘렀다 싶은데도 여전히 힘든 자신을 직면하다 보면 오히려 덫에 빠질 수 있다는 겁니다. 시간에만 기댈 경우 상황이 악화된다는 점을 잊지 말라는 데 공감이 갑니다.

유족에게 강해져야 한다는 말도 많이 하는데, 그런 위로는 감정을 억누르게 만들어서 오히려 도움이 안 된다고 합니다. 바쁘게 지내라는 조언도 건강하지 않은 충고입니다. 슬픔을 충분히 느끼고 애도하지 못하면 훗날 더 큰 슬픔에 잠식될지도 모르기 때문 아닐까요? 이 조언을 여러분은 어떻게 생각하시나요?

* 『내 슬픔에 답해 주세요』 (존 제임스·러셀 프리드먼 지음, 정미현 옮김, 선안남 감수, 청아출판사, 2015)를 참고하여 정리하였습니다.

더 읽어 볼 그림책 일터에서 돌아오지 못한 이들을 추모하며

『나비 엄마의 손길』

크리스티앙 볼츠 글·그림
이경혜 옮김, 한울림어린이, 2008

　중장년을 대상으로 죽음 관련 그림책 수업을 했을 때 일입니다. 담당자에게 아들을 잃은 아버지가 수업에 참석할 수 있다는 이야기를 들었습니다. 사연을 들어 보니, 아들은 방송계의 비정규직 문제로 고통받은 사람들과 연대에 앞장선 청년이었습니다. 다음 날, 그분이 참석하기 어려울 것 같다는 소식을 전달받았습니다. 죽음 이야기를 나누는 자리에서 세상에 없는 자식을 생각하기가 얼마나 힘든지, 누가 그 마음을 헤아릴 수 있을까요? 하지만 청년의 아버지는 결국 수업에 와 주었습니다. 그때 읽은 그림책이 『나비 엄마의 손길』입니다.

　유치원에 다닐 즈음으로 보이는 어린아이와 아빠가 꽃밭을 가꿉니다. 아빠는 포도주를 마시고 싶다고 너스레를 떨지만 아이는 엄마의 말을 생각하며 아빠를 말립니다. 아이는 아빠에게 엄마가 어디 있느냐고 묻습니다. 사람들이 엄마가 땅 밑에 있다고 했답니다. 엄마는 벌레를 무서워하는데 말입니다.

이 그림책은 아이의 질문을 사이에 두고 전반부의 그림이 후반부에 반복되는 구조입니다. 후반부에는 그리운 엄마가 함께 그려져 있습니다. 세상을 떠난 사람은 늘 우리 가까이에 있다고, 우리가 하는 일을 지켜보고 있다고 이야기합니다.

소감을 나누는 시간, 청년의 아버지는 "아내와 둘째 아이를 위해 어떻게 살아야 할지 깨닫게 됐다."라고 담담히 이야기했습니다. 몇 달 후 청년의 아버지는 방송계 비정규직 노동자들을 위한 공간을 열었습니다. 그림책에서 어린아이와 아빠가 나비 엄마의 손길을 느꼈듯, 아버지도 청년의 손길을 느끼며 다시 앞으로 나아가길 바라는 마음입니다.

||||||||||||||||||||||||||||||||||||||||||||||||||||||||||||||||||||

『매미』
숀 탠 글·그림
김경연 옮김, 풀빛, 2019

소수자의 노동 인권을 생각해 볼 수 있는 그림책입니다. 주인공 매미는 고층 빌딩에서 데이터 입력을 하는 노동자입니다. 자신을 바보라고 생각하는 동료들의 수모를 견디며 17년의 정년을 마치고 버려지듯이 퇴사를 하지요. 매미는 옥상으로 향합니다. 마지막 장면은 매미의 죽음으로도 해석되고, 회사라는 체제를 벗어나 자유를 찾는 모습으로도 해석됩니다.

작가는 이민자였던 아버지를 생각하며 매미 캐릭터를 구축했습니다. 매미는 피부색이 다르다고 차별을 겪는 노동자뿐만 아니라 괴롭힘과 모욕을 겪으며 꾸역꾸역 자기 몫을 해 내는 노동자를 상징합니다.

어둠을 밝히는
노란 나비들의 날갯짓

해마다 4월 16일이 되면 많은 학교가 노란 물결로 뒤덮입니다. 교사들은 학생들과 함께 희생자를 기억하고 추모하는 시간을 꾸립니다. 어느 해에는 세월호 유가족의 편지를 함께 읽었습니다. 부모님의 편지에서 '세월호 희생자'라는 말로 다 담아낼 수 없었던 아이들 개개인의 삶이 보였습니다. 자존심이 강했지만 엄마에게는 너그러웠던 아이, 동생과 자주 다퉜지만 참으려고 늘 노력했던 아이, 함께 걸을 때 팔짱을 끼며 너스레를 떨던 아이…… 편지를 읽고 듣는 일은 고통스러웠지만 반 아이들은 멈추지 않았습니다.

　어느 해에는 2학년을 맡았는데 한 아이가 그림책 『노란 달이 뜰 거야』를 가져왔습니다. 노란 나비가 오래된 동네의 골목 안으로 들어가는 표지에서 이 그림책이 무엇을 말하려고 하는지 직감적으로 알 수 있었습니다.

　아기자기한 방, 무언가를 열심히 쓰는 아이의 뒷모습이 보입니다. 쓰는 게 아니라 그리는 중이었다네요. 아빠가 돌아오지 않는 방에서 나비를 그린다고 합니다. 아이의 방에 걸린 달력을 보니 2014년 4월입니다. 낮은 책상 위로 가족이 손잡고 있는 그림이 붙어 있습니다. 메모지에 적힌 말들도 눈여겨봅니다. '복습과 숙제, 문단속, 가스불 X'. 아이는 왜 집에 혼자 남게 됐을까요? 아빠는 왜 돌아오지 못하고 있을까요?

　아이가 그린 노란 나비는 나풀나풀 창밖으로 날아갑니다. 엄마한테 비밀로 하고 아빠와 단둘이 사 먹었던 아이스크림 가게에 잠시 머물다가 가위바위보를 할 때면 져 주던 아빠의 다정한 목소리를 뒤로 하고 아빠와 함께 웃던 담벼락에 도착하기도 합니다. 아이는 나비를 뒤따라 가며 이제는 돌아오지 않을 아빠를 만납니다. 힘든 사람을 도와야 한다던 아빠의 목소리를 들으며 비탈길을 오릅니다. 할아버지의 수레도 밀어 주네요. 어둠이 깔린 길은 무섭게 느껴지기도 합니다. 하지만 아빠는 이야기합니다. 걱정하지 말라고, 곧 달이 뜰 거라고요.

　그림책에서는 면지도 그냥 넘기면 안 되는 요소입니다. 앞 면지에는 검은 배경을 노란 나비가 가득 채우고 있지요. 뒷면지에서는 나비들이 별이 되어 노랗게 빛나고 있습니다. 책을 함께 읽고 아이들은, 작가가 주인공인 아이를 위로하기 위해 나비를

『노란 달이 뜰 거야』
전주영 글·그림, 이야기꽃, 2016

노란 나비는 마을 곳곳을 비춰 주고 함께 뭉치며 커다란 달이 됩니다.
4월 16일의 바다를 목도한 우리 모두는 노란 나비여야 한다고
달처럼 크고 환한 빛을 내뿜기 위해서 함께해야 한다고
힘주어 말하는 듯합니다.

별로 만들어 줬다고 합니다. 나비의 날갯짓을 따라 만나게 된 아빠, 아빠가 하늘 높은 곳에서 별이 되어 아이를 돌봐 줄 거라고요.

나비들이 모여 만들어진 커다란 달은 동네를 비춥니다. 그 빛은 아이와 엄마가 함께 누운 방으로도 들어옵니다. 모녀가 누운 모습 위로 그려진 노랗고 둥근 빛은 유족들을 진정으로 위로하려면 우리의 시선이 어디로 향해야 하는지 생각해 보게 합니다. 그날의 바다에서 돌아오지 못한 이들이 웃고 울었던, 펼치고 싶은 꿈이 있었던 순간, 한 명 한 명의 그 안온한 일상으로 향해야 한다고 이야기하는 듯합니다.

우리 함께 노란 달이 되어

전 국민적으로 커다란 상처를 남기는 사회적 상실을 겪으면 많은 사람들이 '숲'의 관점에서 그 상실을 들여다보려고 합니다. 많은 이들을 떠나보내야 했던 원인은 무엇인지, 국가가 어떤 역할을 해야 하는지 조명하느라 정작 우리가 보듬어야 할 개개인의 삶, '나무'에는 집중할 수 없게 되지요. 전쟁이나 민주화운동처럼 우리 현대사를 할퀴고 간 상실 속에서 희생된 한 명 한 명의 이름을 우리는 얼마나 기억하고 있을까요?

몇 년 전, 이스라엘에 있는 홀로코스트 추모관 야드 바셈(Yad Vashem)의 교육자 대상 세미나에 참석한 적이 있습니다. 세미

나는 엄마 옆에서 잠이 깨어요.
오늘도 아빠는 오지 않아요.
하지만 나는 엄마에게
아빠가 언제 오냐고 묻지 않아요.

노란 달빛은 마을이라는 커다란 공간뿐만 아니라 아이와 엄마가 함께 눕는 '작은 방'도 비춰 옵니다.

ⓒ『노란 달이 뜰 거야』, 전주영, 2016, 이야기꽃

나 기간 중 야드 바셈의 어린이 추모관도 방문했습니다. 우리나라 전쟁기념관이나 민주항쟁 위령탑의 거대한 위용에 익숙했던 터라 추모관 모습이 신선하게 다가왔습니다. 규모 때문은 아니었습니다. 손으로 벽을 더듬으며 한 발 한 발 내딛는 동안 어둠을 가르고 들리는 묵직한 목소리 때문이었습니다. 목소리는 가스실에서 죽은 아이들 이름, 나이, 국적을 가만히 읊고 있었습니다. 호명은 추모관을 나올 때까지 계속 이어졌습니다. 우리는 독립운동, 전쟁, 민주화운동으로 희생된 개개인의 이름을 얼마나 알려고 했었나 생각해 보니 고개가 숙여졌습니다.

이 추모관은 희생자 부모들의 후원으로 만들어진 곳입니다. 희생자 부모들이 원하는 것은 그저 한 번이라도 더 아이를 불러 주고, 그 부름을 한 명이라도 더 듣는 일이었습니다. 억만금의 보상을 하는 것보다, 법과 제도를 재정비하는 반성적 움직임보다 더 시급한 일이었을지도 모릅니다. 안타깝게 스러져 간 개개인의 작은 일상을, 그 흔적을 우리가 조금이라도 더 기억하는 것 말입니다.

철학자 자크 데리다는 인간 존재에 관해 이렇게 말했습니다. "나는 애도한다. 그러므로 존재한다." 인간의 삶에는 자신의 죽음뿐만 아니라 타인의 죽음을 마주하는 일도 필연적으로 존재하게 됩니다. 애도를 한다는 것은 타자와 관계를 맺고 살아가는 우리가 지켜야 하는 '인간 존엄성의 마지노선'일 것입니다. 애도하는 존재로서 우리 함께 '노란 달'을 만들었으면 좋겠습니다. 한 사람 한 사람이 노란 나비의 날갯짓을 시작하는 그곳에서 진정한 위로가 시작된다고 생각합니다. 그 날갯짓이 모여 커다란 달이 될 테니까요. 그리고 그 달은 세상 곳곳, 닿지 못하는 곳 없이 노란 빛을 비춰 줄 테니까요.

 **역사 속에서 희생된 이들을 추모하며**

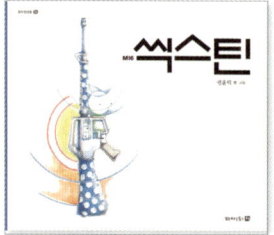

『씩스틴』

권윤덕 글·그림
평화를품은책, 2019

주인공의 이름은 씩스틴, 주인공은 M16 소총입니다. 어느 오월의 광장에서 많은 사람들을 겨누었습니다. 그들은 맨손이었지만 씩스틴은 골목 끝까지 쫓아가 자신의 역할을 합니다.

5·18민주화운동을 소재로 한 이 그림책은 계엄군의 무기였던 소총이 시민 편에 서는 과정을 보여 주며 정의와 평화를 생각해 보게 합니다.

죽음교육에서 이 그림책을 읽을 때 주목하는 지점은 씩스틴이 자신 때문에 죽은 존재를 '인식'하는 부분입니다. 씩스틴이 지나간 곳에는 할아버지의 모자, 교복 입은 아이의 필통, 부러진 안경이 떨어집니다. 별것 아닌 물건일 수 있지만 씩스틴은 그곳에서 비로소 삶을 읽습니다. 그 소소한 물건에는 희생자들의 결코 작지 않은 일상, 한없이 존엄한 개개인의 삶이 서려 있었습니다.

『나무 도장』

권윤덕 글·그림
평화를품은책, 2016

4·3사건을 이야기하는 그림책입니다. 표지를 넘기면 교과서에 등장할 법한 담백한 서술로 4·3사건이 일어나게 된 배경을 이야기합니다. 작가의 뷰파인더는 이내 개개인의 삶을 향합니다. 열세 살 시리는 누군가의 제삿날 어머니와 함께 집을 나섭니다. 어머니가 들려주는 이야기는 끔찍합니다. 육지에서 온 사람들의 총탄에 영문도 모르고 죽어 간 사람들, 살아남기 위해 산으로 동굴로 피신해 죽창으로 대항하던 사람들, 상대편의 앞잡이로 몰려 무고하게 희생된 사람들 이야기까지…… 그리고 그중에는 기적적으로 살아남은 아이도 있었습니다. 시리는 비로소 자신과 어머니를 둘러싼 비밀을 알게 됩니다.

제주도에는 4월 3일 언저리에 제사를 지내는 집이 많다는 이야기가 있습니다. 참극이 휩쓸고 간 섬에서 살아남은 주민들은 트라우마에 시달려야 했습니다. 제주도가 평화의 섬으로 불리는 오늘날이지만 많은 이들의 아픔은 아직 온전히 해소되지 않았다고 봐야 할 것입니다. 이 책은 우리가 무고하게 희생된 사람들을 기억해야 한다고, 그 기억을 바탕으로 평화를 향해 나아가야 한다고 당부합니다.

'나는 죽고 싶다.'라는 문장을 보았습니다

한 아이가 글쓰기 공책에 "나는 죽고 싶다."로 시작하는 이야기를 썼습니다. 죽고 싶을 때는 장롱 안으로 들어가 웅크리고 앉아 있다고 합니다. 그 생각을 떨칠 용기가 있으면 좋겠다는 말도 적혀 있었습니다. 겉으로는 별 탈 없이 학교생활을 하는 듯 보였기에 깜짝 놀랐습니다.

아이들 언어 세계에서 죽고 싶다는 말은 여러 가지 의미가 있습니다. 공부하기 싫다, 매일매일 힘들다, 시험을 피하고 싶다는 표현일 수도 있고 짜증나고 화나는 날 충동적으로 하는 말일 수도 있습니다. 다급한 SOS일 가능성도 배제할 수 없습니다. 어떤 쪽이든 교사에게 비상등이 켜집니다. 먼저 아이와 보호자와 면밀히 이야기를 나눠야 하고, 학교 상담교사나 위(Wee) 클래스 등 전문 지원을 요청해야 하기도 합니다. 이때 무엇보다 중요한 점은 아이의 마음입니다. "선생님에게 말하기가 꺼려지면 너를 잘 도와줄 수 있는 전문가 선생님의 도움을 받을 수 있어. 어때?"라고 묻고 아이의 의사를 들어야 하지요. 이 질문을 꺼내는 상황은 오지 않기를 바라며 심부름을 시키는 척, 아이를 불렀습니다.

"죽고 싶다고 했는데, 힘든 일이 있구나……. 그런 줄도 몰라서 정말 미안해. 힘든 일이 뭔지 선생님한테 들려줄 수 있을까?"

아이는 엄마가 동생만 챙기는 게 속상해서 옷장 속에 들어간다고 했습니다. 그 마음을 표현한 적은 없는 듯했습니다. 죽는다는 게 무엇인지도 이야기 나눴는데 걱정과 달리 아이가 그 말을 진지하게 생각하고 쓰지 않았다는 것을 알 수 있었습니다. 중학생인 언니의 웹소설에서 본 표현을 가져온 정도였지요. 시간이 흘러 중학생이 된 아이와 동네에서 종종 마주쳤는데, 아이는 "저도 그때 제가 왜 그랬는지 모르겠어요, 선생님!"이라며 깔깔대곤 했습니다.

웃으면서 말할 수 있게 될 줄 상상도 못 할 만큼 당시 저는 무척 불안해하며 아이를 지켜봐야 했습니다. 다급하게 아이 보호자를 만나고, 긴밀히 연락하며 상황을 살피고, 하루에 한 번은 꼭 아이를 불러 이야기를 주고받았습니다. 아이와 나누는 일대일 대화는 매일매일, 학년이 끝날 때까지 이어졌습니다. 해가 바뀌고 다음 담임 교사에게 당부를 남기는 순간까지, 그해에는 늘 조마조마한 상태로 터널을 걸어왔던 것 같습니다. 별일 없이 밝게 잘 지내는 듯 보여도 아이의 마음속에서 '죽고 싶다.'라는 문장이 언제 다시 고개를 들지 모르기 때문입니다.

작년에 알게 된 그림책 『여름의 잠수』를 보고 그 시간이 떠올랐습니다. 살고 싶지 않다고 표현하는 아빠의 모습을 딸의 시선에서 그린 작품입니다. 청량한 색감의 표지에는 빨간 수영복을 입은 두 인물이 그려져 있습니다. 왼쪽 어린아이가 바로 '소이', 소이의 여름은 아빠에게 찾아온 위태로움을 감당하는 시간이기도 합니다. 오른쪽 인물은 사비나입니다. 사비나가 누구인지 알려면 먼저 소이, 그리고 아빠의 이야기를 나눠야 합니다.

아빠가 '살고 싶지 않다'고 했던 그 계절 이야기

가족의 일상에서 갑자기 아빠가 사라집니다. 소이는 한참 후에야 아빠가 어디에 있는지 알게 됩니다. 아빠는 모든 문이 잠긴 건물에서 의료진의 보살핌을 받고 있었습니다. 그림책에서는 간호사와 의사를 '천사'라고 합니다. 천사라고 하면 누군가를 하늘로 데려갈 것 같지만, 이들은 아빠가 날아가지 않게 지켜보는 천사입니다.

소이 이야기를 들어 보면 아빠도 천사였던 것 같아요. 아빠가 힘든 이유는 날개가 사라졌기 때문이래요. 알쏭달쏭하지요. 아빠가 어린 소이를 배려해 죽고 싶다는 표현을 에둘러 말했을

『여름의 잠수』

사라 스트리츠베리 글, 사라 룬드베리 그림, 이유진 옮김, 위고, 2020

아빠는 왜 살고 싶어 하지 않을까요?
그해 여름을 온통 잠식한 단 하나의 질문은
소이를, 아빠를 회복의 길로 안내해 줍니다.

까요? 소이는 계속 묻습니다. 아빠가 집에 가고 싶은지, 다시 괜찮아질 것 같은지요. 아빠는 그저 모르겠다고만 대답합니다. 왜 아빠는 소이 같은 아이가 있는데도 살고 싶은 마음이 안 들까요? '자식 보고 산다'는 표현이 익숙하게 들리는 문화에서 살아와서인지 더 눈길이 가는 대목입니다. 하지만 역시 정확한 답은 찾을 수 없습니다. 아무도 모릅니다. 아빠가 소이와 엄마의 면회를 원하지 않고 인사말을 쪽지에 적어 문틈으로 내밀 때, 소이는 아빠가 우는 소리를 듣습니다. 아빠는 낫는다는 것을 어떻게 잊을 수 있을까. 어떻게 자신을 잊을 수 있을까. 소이는 아빠를 계속 찾아가며 되물어 보지만 대답은 여전히 '모르겠다'에 그칩니다. 그림책도 끝내 아빠가 살고 싶은 마음이 안 드는 이유를 명확하게 이야기하고 있지 않습니다.

소이의 여름은 아빠와 심연으로만 가득 차 있는 건 아닙니다. 아빠가 있는 곳에서 사비나를 만나거든요. 사비나는 수영 선수권 대회에 나간 경험이 있습니다. 태평양을 헤엄쳐 건너는 목표를 품고 있지요. 소이를 부르는 짓궂은 호칭, '쥐방울'이라는 말 뒤에 타인의 슬픔과 외로움을 알아보고 먼저 다가가는 따뜻함이 느껴집니다.

둘은 나무 아래에서 수영 연습을 합니다. 소이는 사비나에게도 질문이 많습니다. 사비나도 아픈 건지, 왜 여기 있는지, 우리가 친구인지 알고 싶습니다. 사비나는 명확한 대답을 들려주지만 우리가 가장 친한 친구냐는 물음에는 답을 하지 않습니다.

소이가 사비나와 '세상을 몇 바퀴나 헤엄쳐 돌고 난 뒤' 소이는 마침내 아빠를 만나게 됩니다. 그 이야기 이후로 그림책이 끝날 때까지 사비나는 다시 등장하지 않습니다. 고통의 시간을 통과하는 동안 우리는 예상하지 못한 사람을 통해 뚜벅뚜벅 걸어 나갈 힘을 얻기도 하지 않던가요. 그 인연이 계속 이어지지 않더라도, 어느 한 시절 우리 인생에 찾아와 도움을 주는 사람들요.

그 여름, 사비나가 없었다면 소이는 아마 아빠를 계속 찾아가지 못했을지도 모릅니다. 몸이 아픈 사람을 돌보는 일도 쉽지 않지만 마음 아픈 누군가를 애정으로 들여다보는 일도 결코 쉽지 않습니다. 그 사람이 누구보다 사랑하는 가족이라 해도, 지치는 건 당연한 일입니다.

슬픔과 고통을 지켜보고 기다릴 의무

일상 언어로는 학생들과 자살에 관해 이야기 나누기가 무척 조심스럽습니다. 하지만 자살은 누구에게나 매우 가까이에 존재하고 있습니다. 삶을 일으키기 힘들다고 느낄 만큼 불행한 순간이 턱밑까지 찾아올 수도 있지요. 소이의 아빠처럼 살고 싶어하지 않는 사람이 주위에 있어 그 곁을 지켜야 할 때도 있습니다. 가까운 사람이 안타까운 선택을 해 내 삶에도 커다란 구멍이 뚫린 듯, 상실감과 슬픔에서 헤어나오지 못하기도 합니다.

나와 나를 둘러싼 사람들에게 그런 일이 일어나지 않았다 하더라도, 우리는 자살로 일컬어지는 죽음을 목도하게 됩니다. 대중에게 잘 알려진 사람이 스스로 목숨을 끊은 이야기는 자극적으로 보도되기도 하지요. 사회적 안전망이 작동했더라면 충분히 막을 수 있지 않았나 싶은 선택들도 보도됩니다.

많은 사람들은 자살 소식을 듣게 되면 '왜?'라는 물음을 먼저 던집니다. '경제적으로 어려운 상황도 아니었는데 왜?' '그렇게 큰 인기를 누리는 슈퍼스타가 왜?' '자식도 있는 사람이 왜?' ……극단적인 선택을 한 이유를 넘겨짚기도 합니다. '생활고에 시달렸나 보군.' '우울증이 있었겠지.'

사람이 왜 그렇게까지 안타까운 선택을 했는지 궁금한 건 아이들도 마찬가지입니다. 인터넷으로 유명인의 자살 소식을 접하고 나면 그림책을 읽는 시간에 질문을 하기도 하지요. 그 사람은 왜 죽었는지, 심지어는 어떻게 죽었는지도 궁금해합니다.

두 번째 질문에는 단호하게 대처할 수 있지만 첫 번째 질문은 상당히 조심스럽습니다. 교사의 철학에 따라 바람직한 대답이 달라질 수 있다는 생각 때문입니다. 우리 사회에서 다시는 같은 일이 반복되지 않도록 고인의 환경을 조금이라도 이해해 보려는 노력을 중요하게 생각할 수도 있고, 죽음을 슬퍼하는 일에 더 무게를 실을 수도 있습니다. 많은 심리학 서적에서 자살하는 사람의 유년기, 정서적 결핍 등을 분석하고 있지만 사실 어떤 죽음은 불가항력으로 일어나는 것이기도 합니다.

저는 그저 '다른 사람의 죽음을 쉽게 판단하거나 짐작할 수 없다.'라는 전제가 먼저 이루어지길 바라는 마음입니다. 고인의 마음에서 어떤 폭풍이 불었는지 우리는 타인이기에 결국 알 수 없습니다. 그림책에서 끝까지 아빠의 슬픔이 어디에서 비롯되었는지 알려 주지 않는 것처럼 말이지요.

우리가 이 자리에서 할 수 있는 일은 고인의 죽음을 진중하게 바라보며 추모하는 것, 자책하는 사람들에게 혹 비수가 될 수도 있는 위로를 건네기보다 그저 그들의 고통에 공감하는 것, 그리고 아빠를 만나러 가는 소이의 마음으로 주위 사람들을 대하는 것이 아닐까 합니다. 시간을 함께해 주는 것이지요.

그리고 하나 더. 우리에게는 '기다릴 의무'가 있다는 이야기를 힘주어 말하고 싶습니다. 소이 아빠처럼 살고 싶다는 생각이 들지 않는 이들, 혹은 '왜 진작 알아차리지 못했을까' 하고 죄책감을 갖는 이들, 그들을 지켜보는 모든 이들을 위해 세상은 슬픔과 고통을 기다려야 할 의무가 있다고요. '너만 힘든 게 아니야.' '어서 털고 일어나.' '의지를 가지면 뭐든 할 수 있어.'라는 말 대신 그저 곁에 있어 주는 방법을 선택하면 좋겠습니다. 나를 다그치지 않고 지켜봐 주는 사람이 있다는 사실만으로도 우리는 더 빨리 회복의 길에 접어들 수 있습니다. 우리가 우리 스스로를 먼저 기다려 주고, 가까운 사람들을 기다려 주고, 그렇게 서로가 서로의 기다림이 되어 주는 것이 '죽음'을 마주하는 건강한 방법이라고 생각합니다.

부록

Q & A

'그림책으로 배우는 삶과 죽음' 수업에서 만난
질문과 답변

Q&A

수업을 준비하며

Q. 한창 자랄 아이들과 죽음에 관해 이야기 나누기가 꺼려집니다. 왜 죽음에 관한 이야기가 필요한가요?

A 현대 사회는 죽음에 빈번하게 노출되어 있다 해도 과언이 아닙니다. 전쟁, 기아 등 여전히 계속되는 전 지구적 문제로 많은 사람들이 희생되고 있고요. 우리 사회에서도 자살, 고립사, 사고사 등 거의 매일 죽음과 관련된 소식을 듣게 됩니다. 휴대폰이나 컴퓨터 사용이 자유로운 어린이나 청소년은 어른이 생각하는 것보다 죽음에 대한 정보나 소식을 접할 기회가 많습니다.

상실이라는 경험은 어린이에게도 예외가 아닙니다. 반려동물, 반려식물의 죽음을 겪기도 하고 조부모, 부모, 친구, 형제자매의 죽음이 찾아오기도 합니다. 그때 느끼는 충격, 두려움, 비탄, 상실감을 제때 충분히 어루만져 주어야 합니다. 죽음에 관한 막연한 공포나 두려움을 다른 관점으로 볼 수 있도록 안내해 주는 교육이 필요한 이유입니다.

공교육에서 죽음교육을 하는 목적은 '삶'에 대한 감수성을 키우는 데 있습니다. 죽음에 관해 배운다는 것은 곧 올바른 삶을 배우는 일입니다. 죽음은 막연한 공포의 대상이 아니라, 인간이 한 여정을 마무리하는 과정임을 인문학적으로 고찰하기도 하지요. 그러한 사고는 생명을 경외하는 자세로 이어집니다. 생명을 소중히 여기는 삶은 '내가 어떻게 살아야 잘 사는 것인가?' '타인과 더불어 몸도 마음도 건강하게 살아가려면 어떻게 해야 할까?' 질문하게 합니다.

Q. **미국이나 유럽 등에서는 학교에서 '죽음교육'을 실시한다고 하는데, 어떻게 이뤄지는지 간단히 알려 주세요.**

A 미국의 경우 특정 학년을 정해 두지 않고 어린이에서 노인에 이르기까지 평생교육 차원에서 죽음교육이 실시됩니다. 의료진, 호스피스 종사자, 장례 분야 종사자처럼 죽음과 관련한 전문 교육을 받아야 하는 직업군에 '교사'도 포함되어 있지요. 사별, 애도, 상실 등 언젠가는 맞닥뜨릴 상황에 지혜롭게 대처할 수 있도록 하는 데에 방점이 찍혀 있습니다.

독일에서는 '죽음준비교육'이 교육 과정 중 한 과목으로 정해져 있습니다. 죽음, 자살, 인간답게 죽는다는 게 무엇인지, 생명의 가치 등을 생각해 볼 수 있는 다양한 교재도 개발되어 있지요.

영국에서는 초중고를 통틀어 죽음에 관해 생각해 볼 수 있는 과정이 마련되어 있습니다. 영국의 교육은 우리가 소중한 사람을 잃었을 때 어떻게 애도하고 슬퍼하며 회복할 수 있을지 '대응'에 초점이 맞춰져 있습니다.

우리나라에서는 2021년부터 매년 6시간씩 생명 존중 교육을 실시하도록 안내하고 있습니다. '자살 예방'과 관련된 교육이기도 합니다. 학생자살예방대책을 마련하고 교사가 징후들을 체크할 수 있는 리스트 등도 참고할 수 있습니다. 한국의 죽음 관련 교육은 학생의 자살을 예방한다는 데에 초점이 맞춰져 있어서 죽음을 주제로 한 폭넓은 교육을 하기에는 아직 어렵습니다. 하지만 교사가 죽음을 어떻게 인식하느냐에 따라 달라질 수 있다고 봅니다. 독서 교육의 일환으로 접근해 '죽음 관련 그림책 읽고 감상 나누기'만 해도 풍부한 사유를 이끌어 낼 수 있지요.

Q. 초등 저학년, 중학년, 고학년, 청소년, 연령별로 죽음준비교육의 난이도가 다를 것 같아요. '그림책으로 배우는 삶과 죽음' 첫 시간에 함께 읽기 좋은 그림책을 연령별로 추천해 주세요.

A '그림책으로 배우는 삶과 죽음' 첫 시간이라면 삶을 먼저 이야기하며 죽음에 관해 질문을 품을 수 있는 그림책이 좋겠습니다. 어떤 그림책이든 세대와 상관 없이 함께 볼 수 있다고 생각합니다. 그러나 이해가 가능해야 한다는 전제를 놓고 발달 단계상 난이도 구분을 해서 몇 권을 권하겠습니다. 초등 저학년 아이들과 『사랑하는 할머니』(148쪽)를, 중학년과 『할머니가 남긴 선물』(72쪽)을, 고학년과 『사과나무 위의 죽음』(37쪽)을 읽어 보세요. 청소년과 『내가 함께 있을게』(24쪽)를 읽어도 좋겠습니다.

Q. 학생들과 함께 죽음 관련 그림책을 읽으려고 합니다. 혹시 학부모가 반대한다면 교사로서 어떻게 대처할 수 있을지 궁금합니다.

A '죽음에 대한 그림책을 읽는 시간'으로 생각하지 말고 '책 읽는 시간에 죽음을 소재로 한 그림책을 읽는다'고 생각해 보세요. 따로 죽음 교육을 한다는 관점보다 책 읽어 주기 시간에 자연스럽게 의견을 나누도록 한다고 접근하면 교사도 마음이 편해집니다.

경험을 공유하자면, 저는 죽음에 관한 그림책을 읽는다고 학부모에게 따로 안내하거나 동의를 구하는 과정을 거치지 않았습니다. 그저 날마다 책을 읽는 시간을 마련했고, 다양한 주제의 작품을 읽었으며 죽음 관련 그림책을 읽는 시간은 그중 일부였기 때문입니다. 아이들과 삶의 어두운 부분에 관해 이야기한다고 이의 제기를 하는 학부모를 만난 적은 없었습니다.

삶에 냉소를 던지며 우리를 비극으로 이끄는 그림책은 없다고 생각합니다. 또 모든 아이에게는 어떤 상황에서도 희망과 긍정을 발견해 내는 재능이 있지요. 그림책의 힘, 아이들의 목소리에 귀를 기울여 보세요.

Q. 한 학기 동안 '그림책으로 배우는 삶과 죽음'을 주제로 수업을 꾸리고 싶은데, 어떻게 하면 체계적으로 진행할 수 있을까요?

A 한 학기 동안 '그림책으로 하는 죽음교육'을 꾸준히 진행할 정도로 우리 교육 과정은 탄력적이지 않습니다. 하지만 학교에서는 생명 존

중 교육을 의무적으로 해야 하기 때문에 도덕, 사회, 국어 시간과 연계할 수 있지요. 창의적 체험활동 수업을 재구성해 활용할 수도 있습니다.

이 책은 죽음과 관련한 열일곱 가지 키워드마다 의미 있게 볼 수 있는 대표적인 그림책을 안내하고 있습니다. '죽음'이라는 개념을 철학적으로 고찰하고(1장) 죽음을 앞둔 사람들이 어떻게 삶을 마무리하는지 보여 주고(2장) 우리가 그들을 애도하는 방법(3장), 사회적인 추모가 이뤄져야 하는 죽음(4장)을 생각해 보는 확장 구성으로 이야기를 엮었습니다. 이 흐름을 참고해서 필요한 부분을 수업에 적절히 녹인다면 나름의 체계가 생기지 않을까 싶습니다.

Q. **해를 거듭할수록 다문화 가정 자녀를 많이 만나게 됩니다. 문화와 종교가 다른 아이들이 한데 모인 교실에서 죽음 관련 교육을 할 때 교사가 무엇을 주의해야 하는지 궁금합니다.**

A 문화와 종교에 따라 사후세계를 지칭하는 용어도 다르고 윤회, 구원 등 죽음 이후를 바라보는 방법도 다릅니다. 교사가 그 사실을 예민하게 인식하고 모두를 존중하려는 마음을 가지는 것 자체가 중요하다고 생각합니다.

그림책을 읽다 보면 한 문화권에 국한된 장례 문화, 사후세계 개념을 만나게 됩니다. 그럴 때에는 그냥 지나치지 말고 아이들에게 물어보세요. 죽은 사람을 추모하는 방법, 죽으면 어떻게 될지 생각하는 방식이 각각 다른데 그림책에 나온 것 외에 아이들이 알고 있는 이야기가 있는지요. 교사의 도움이 필요하다면 다른 방식이 등장하는 그림책을 함께 읽으면 됩니다. 사후세계와 관련해서는 불교 관점인 『거미줄』(110쪽), 한국 전통 관점을 알 수 있는 『허웅아기』(115쪽)를 추천합니다.

장례 문화에 관해서는 캐나다 풍경을 볼 수 있는 『행복한 장례식』(126쪽), 우리나라 전통 장례를 알 수 있는 『상여 나가는 날』(127쪽), 수장, 수목장, 화장, 풍장 등 다양한 장례 문화가 등장하는 『별이 되고 싶어』(이민희 지음, 창비, 2008)를 함께 읽길 권합니다.

그림책을 읽을 때는 교사가 '가르친다'고 생각하지 않고 '소개한다'고 생각하면 좋겠습니다. 교사가 주입하지 않아도 아이들이 그림책을 통해 다양성의 가치를 충분히 읽어 낼 수 있으니까요.

아이들과 죽음에 관해 이야기할 때

Q. 우리 반 학생 중 가족을 잃은 아이가 있습니다. 섣불리 위로를 건네기 어렵고, 그렇다고 평소처럼 대하자니 아이가 마음을 추스르도록 교사로서 무언가 해야 한다는 책임감도 듭니다. 바람직한 지침을 알려 주세요.

A 가족이 죽었을 때 아이는 충분히 슬퍼할 겨를도 없이 장례를 치르고 학교에 나오는 경우가 많습니다. 교사의 염려만큼 학교에서 엉엉 울지 않습니다. 오히려 사랑하는 사람의 죽음을 부정하며 슬픔에 무감각해지고 분노와 마주치는 경우가 많지요.

우리 반 아이가 장례를 치르고 왔을 때 저는 아이를 별도의 공간(연구실)으로 데리고 가 꼭 안아줬습니다. "선생님은 학교에서 엄마야, 선생님이 너를 보살펴 줄게."라고 말했습니다. 아이가 끼니를 거를까 봐 일부러 점심시간에 문 잠그는 당번을 하도록 하고 함께 급식실에 가기도 했습니다. 아이와 함께 있는 시간을 최대한 많이 만들려는 노력이 중요하다고 생각합니다. 아이들은 때때로 흐느끼기도 하고 여전히 아무 감정을 드러내지 않기도 합니다. 어느 쪽이든 지켜보고 다독이며 아이의 감정을 수용하세요.

특히 아이들이 분노와 우울에 빠져 친구와 거리를 둘 수도 있으니 잘 살펴보라고 당부하겠습니다. 친구들에게 엄마 혹은 아빠의 죽음을 알리지 않고 싶어 하기도 합니다. 아이뿐만 아니라 가족이 밝히기를 원하지 않는 경우도 있습니다. 보호자와 상담을 하고 아이가 원하는 방향에서 건강한 애도를 할 수 있도록 돕는 일이 교사의 역할입니다.

Q. 학생을 잃는 경험은 교사에게도, 같은 반 친구들에게도 매우 힘든 일입니다. 교사가 학생들을 위해 무엇을 하면 좋은지 구체적으로 들려주세요.

A 외국에서는 추모 관련 사이트에서 '메모리 박스'를 판매합니다. 그림책 『내 친구 네이선』(150쪽)에서 '추억 상자'로 번역된 것인데요. 선생님은 친구들이 네이선을 떠올렸을 때 생각나는 것을 가져와 담을 수 있도록 안내합니다. 네이선과 즐겨 먹던 샌드위치 요리법, 네이선이 웃고 있는 사진, 함께 야구했을 때 사진 등이 담깁니다. 교실에서 아이들과 함께 추억 상자를 채워 보는 일도 훌륭한 애도가 될 수 있다고 생각합니다. 그림책도 좋은 매체입니다. 또래 친구의 죽음을 다룬 『내 친구 브로디』(조이 카울리 지음, 크리스 무스데일 그림, 김연수 옮김, 베틀북, 2003), 친구가 우리에게 무엇을 남겨 주었는지 생각해 볼 수 있는 『오소리의 이별 선물』(80쪽)을 함께 읽어 보길 바랍니다.

Q. 유튜브 등으로 아이들이 교사보다 더 빠르게 콘텐츠를 접할 때가 있습니다. 죽음과 관련해서 연예인의 자살을 자극적으로 이야기하는 콘텐츠나, 심령 관련 콘텐츠 등 바람직하지 않은 콘텐츠를 만날까 봐 우려됩니다.

A 아이들이 걱정되는 마음에 교사가 선제적으로 대응하려는 마음이 들 수 있습니다. 이럴 때는 교사가 '어떻게 해야 옳은 정보를 선택할 수 있을지' 주제를 던지고 아이들이 토론이나 토의를 할 수 있도록 해 보세요. 학교에서 비주얼 리터러시, 매체 활용과 관련해서 기본 교육이 이뤄지기 때문에 아이들이 활발하게 이야기를 이끌어 나갈 수 있습니다.

Q. 부임한 지 얼마 안 된 교사입니다. 부모님, 조부모님이 모두 살아 계시고 반려동물이나 가까운 친구의 죽음을 마주한 적이 없는데 아이들이 죽음과 관련해 제 사적인 경험을 물어볼 때가 있습니다. 어느 선까지 이야기해야 하는지 잘 모르겠습니다.

A 아이들과 죽음 관련 그림책을 읽다 보면 "선생님 부모님은 다 계세요?" "선생님도 친구를 하늘나라로 보낸 적 있어요?"라는 질문이 나올 때가 있습니다. 아이들도 가까운 사람이나 반려동물의 죽음을 마주하기 때문에 충분히 할 수 있는 질문입니다.

상실을 경험했든 경험하지 않았든 교사가 자신의 삶을 솔직하게 나눌 수 있으면 좋겠습니다. 누군가를 잃은 슬픔에서 아직 헤어나오지 못했다면 그것 또한 솔직하게 나눠 보세요.

"그 이야기를 꺼내기에는 아직 많이 슬프고 힘들어. 너희에게 이 이야기를 할 준비가 아직 안 됐다는 걸 이해해 주면 좋겠어."

그런 이야기 또한 아이들이 타인의 슬픔 앞에서 어떤 태도를 취해야 하는지 이해하는 경험이 됩니다.

"선생님은 반려동물을 키워 본 적이 없어서, 강아지가 죽었을 때 얼마나 슬픈지 다 알지는 못해. 하지만 이 책을 읽고 반려견을 떠나 보내는 사람들이 무엇을 느끼는지 간접적으로나마 알게 됐어."라고 말하며 영화나 책, 그림책 이야기를 나눠도 좋습니다.

죽음을 이야기하는 데 굳이 경계를 그을 필요는 없다고 생각합니다. 아이들은 교사의 겸허하고 솔직한 태도에 늘 귀를 기울이는 존재입니다.

가정에서 이 책을 읽는 독자들에게

Q. 네 살 아이를 키우고 있습니다. 아이가 죽는 게 뭐냐고 물었는데 순간 당황해서 얼버무렸습니다. 이 연령 아이들에게 죽음을 어떻게 설명하면 좋을지 안내해 주세요.

A 유아기에 죽음을 궁금해하는 것은 발달 단계상 지극히 자연스러운 일입니다. 아이에게 죽음이 무엇인지 '벌써' 이야기하면 안 될 것 같은 마음에 죽음을 추상적으로 이야기하는 경우가 있는데 오히려 역효과를 낳기도 합니다. "나이가 아주 많이 든 사람만 죽으니 너는 걱정할 것 없어."라고 '나이'에 초점을 지나치게 맞춰 설명하면 아이는 엄마 아빠가 먼저 죽는다는 생각에 사로잡히기도 합니다. "죽는다는 건 깊이 잠드는 거야."라고 했다가 아이가 잠과 죽음을 동일시해 한동안 잠들기를 무서워했다는 사례도 있지요. 부모로서 아이들과 죽음에 관해 이야기할 때 건네고 싶은 조언은 '피하려고 하지 않았으면 좋겠다'는 것입니다.

부모가 먼저 불안해하고 놀라는 표정을 지으면 안 됩니다. 아이에게도 이런 질문을 하게 된 계기가 있었을 것입니다. 먼저 아이가 왜 그런 생각을 하게 됐는지 물어봅니다. "나도 어렸을 때 죽는 게 뭔지 궁금했어."라는 말로 공감을 표현해 주는 것도 좋습니다. 꽃이나 동물 등 주변에서 접하기 쉬운 자연물로, 죽는다는 것과 산다는 것을 예로 들어 주세요. 아이의 마음을 안정시킬 수 있는 말도 잊지 않으면 좋겠습니다. "나도 어렸을 때 잠자러 가면서 아침에 못 일어나는 거 아닐까 걱정하기도 했는데 그런 일은 일어나지 않았어." 혹은 "나는 네가 잘 자랄 수 있게 너를 보호하고 싶어. 그러니 너무 걱정하지 마." 하고요.

그림책의 도움을 받는다면 『살아 있는 모든 것은』(32쪽)을 권합니다. 수명이 자연스럽게 다해 맞는 죽음뿐만 아니라 다치고, 앓는 과정에서 맞는 죽음도 이야기합니다. 죽음이라는 개념을 섣불리 에두르지 않고 적확하게 직시하도록 돕는 그림책입니다.

Q. 가족 중 고령층인 분들이 있습니다. 삶이라는 여정에 관해 허심탄회하게 대화하는 시간을 보내고 싶고, 또 장례를 어떻게 치르면 좋을지, 연명치료 여부 같은 중요한 주제도 이야기하고 싶어요. 어떻게 해야 자연스럽게 이야기를 시작할 수 있을지 궁금합니다. 이런 주제를 편안하게 이야기해 온 세대가 아니어서 걱정 됩니다.

A 죽음에 대해 바로 이야기하지 않고 삶을 먼저 이야기해 보기 바랍니다. 삶을 돌이켜 보기에 좋은 시나 죽음을 생각해 볼 만한 좋은 영화나 노래도 훌륭한 시작이 됩니다. 대화의 물꼬를 텄다면 상대방(부모님을 비롯한)의 의견을 묻기 전에 자기 이야기를 먼저 해 보세요. 요즘 스스로를 돌이켜 봤을 때 나의 삶에 몇 점을 주고 싶다든지, 내 삶이 어떤 사진 같았다든지, 편하게 이야기하는 겁니다. 그다음 '어떻

게 생각하세요?' 하고 질문을 되돌려 보세요. 더 구체적으로 상대방이 살면서 언제 가장 슬펐는지, 요즘에는 삶이라는 여정을 어떻게 느끼고 있는지 덧붙여 봐도 좋겠습니다. 이야기가 무르익어 가면 장례를 어떻게 치르면 좋을지, 연명치료 여부 같은 중요한 주제도 이야기하기 편안해질 거예요. 무엇이든 한 번에 이루려 하지 말고 조금씩 다른 질문을 마주하며 상대의 마음을 파고든다는 생각을 하면 더 가벼운 마음으로 대화에 참여할 수 있습니다.

도서 목록

■ **본문에 나온 책**

그림책

- 『100만 번 산 고양이』(사노 요코 글·그림, 김난주 옮김, 비룡소, 2002) | 46쪽
- 『강아지 천국』(신시아 라일런트 글·그림, 류장현 옮김, 책공장더불어, 2013) | 167쪽
- 『거미줄』(아쿠타가와 류노스케 지음, 후지카와 히데유키 그림, 길지연 옮김, 미래아이, 2004) | 111, 215쪽
- 『고마워, 죽어 줘서』(다니카와 슌타로 글, 쓰카모토 야스시 그림, 가노 후쿠미 옮김, 나린글, 2017) | 176~178쪽
- 『고양이 천국』(신시아 라일런트 글·그림, 류장현 옮김, 책공장더불어, 2013) | 167쪽
- 『귀신님! 날 보러 와요』(진수경 글·그림, 천개의바람, 2020) | 101쪽
- 『나는 죽음이에요』(엘리자베스 헬란 라슨 글, 마린 슈나이더 그림, 장미경 옮김, 마루벌, 2017) | 60~64, 66쪽
- 『나무 도장』(권윤덕 글·그림, 평화를품은책, 2016) | 199쪽
- 『나비 엄마의 손길』(크리스티앙 볼츠 글·그림, 이경혜 옮김, 한울림어린이, 2008) | 189쪽
- 『나의 영원한 세 친구』(헬메 하이네 글·그림, 황영숙 옮김, 혜문서관, 2009) | 47쪽
- 『내 작은 친구, 머핀!』(울프 닐슨 글, 안나-클라라 티드홀름 그림, 선우미정 옮김, 느림보, 2003) | 33쪽
- 『내 친구 네이선』(메리 바 글, 케런 A. 제롬 그림, 신상호 옮김, 동산사, 2014) | 151~153, 216쪽
- 『내 친구 브로디』(조이 카울리 지음, 크리스 무스데일 그림, 김연수 옮김, 베틀북, 2003) | 217쪽
- 『내가 가장 슬플 때』(마이클 로젠 글, 퀜틴 블레이크 그림, 김기택 옮김, 비룡소, 2004) | 163쪽
- 『내가 사랑한 시옷들』(조이스 박 지음, 포르체, 2020) | 37쪽
- 『내가 함께 있을게』(볼프 에를브루흐 글·그림, 김경연 옮김, 웅진주니어, 2007) | 6, 25~27, 212쪽
- 『노란 달이 뜰 거야』(전주영 지음, 이야기꽃, 2016) | 192~194, 196쪽
- 『누가 내 머리에 똥 쌌어?』(베르너 홀츠바르트 글, 볼프 에를브루흐 그림, 사계절, 2002) | 25쪽
- 『동물들의 장례식』(치축 글·그림, 고래뱃속, 2020) | 128쪽

- 『돼지 이야기』(유리, 이야기꽃, 2013) | 170~172, 174쪽
- 『때가 되면 자연으로 돌아가요』(채인선 글, 이준섭 그림, 한울림어린이, 2016) | 69쪽
- 『마음이 아플까 봐』(올리버 제퍼스 글·그림. 이승숙 옮김, 아름다운사람들, 2010) | 139쪽
- 『맑은 날』(김용택 글, 전갑배 그림, 사계절, 2006) | 128쪽
- 『망가진 정원』(브라이언 라이스 글·그림, 이상희 옮김, 밝은미래, 2020) | 132~133, 135쪽
- 『매미』(손 탠 글·그림, 김경연 옮김, 풀빛, 2019) | 190쪽
- 『모그야 잘 가』(주디스 커 글·그림, 박향주 옮김, 대교출판, 2005) | 168쪽
- 『무릎딱지』(샤를로트 문드리크 글, 올리비에 탈레크 그림, 이경혜 옮김, 한울림어린이, 2010) | 142~145, 147쪽
- 『바람이 멈출 때』(샬롯 졸로토 글, 스테파노 비탈레 그림, 김경연 옮김, 풀빛, 2020) | 50~51쪽
- 『별이 되고 싶어』(이민희 지음, 창비, 2008) | 215쪽
- 『보고 싶은 엄마』(레베카 콥 글·그림, 이상희 옮김, 상상스쿨, 2011) | 148쪽
- 『사과나무 위의 죽음』(카트린 셰러 글·그림, 박선주 옮김, 푸른날개, 2016) | 38~39, 43, 212쪽
- 『사랑하는 할머니』(딕 브루너 글·그림, 이상희 옮김, 비룡소, 2019) | 148, 212쪽
- 『사슴아 내 형제야』(간자와 도시코 글, G.D. 파블리신 그림, 이선아 옮김, 보림, 2010) | 178쪽
- 『살아 있는 모든 것은』(브라이언 멜로니 글, 로버트 잉펜 그림, 이명희 옮김, 마루벌, 1999) | 32, 220쪽
- 『상여 나가는 날』(선자은 글, 최현묵 그림, 미래아이, 2018) | 127, 215쪽
- 『생명을 먹어요』(우치다 미치코 글, 모로에 가즈미 그림, 사토 고시 감수, 김숙 옮김, 계림북스, 2010) | 179쪽
- 『세 친구』(황윤선 옮김, 시공주니어, 2017) | 47쪽
- 『세상에서 가장 멋진 장례식』(에바 에릭손 그림, 울프 닐손 글, 임정희 옮김, 시공주니어, 2008) | 119~121, 123, 125쪽
- 『세상에서 가장 아름다운 달걀』(헬메 하이네 글·그림, 김서정 옮김, 시공주니어, 1998) | 47쪽
- 『세상에서 가장 아름다운 이별』(오츠카 아츠코 사진·글, 송영빈 옮김, 글로세움, 2006) | 84, 87쪽
- 『씩스틴』(권윤덕 글·그림, 평화를품은책, 2019) | 198쪽
- 『애니의 노래』(미스카 마일즈 지음, 피너 패놀 그림, 노경실 옮김, 새터, 2002) | 82쪽
- 『어느 늙은 신앙 이야기』(고정순 글 그림, 만만한책방, 2020) | 92쪽
- 『엄마, 달려요』(대만 산업재해피해자협회 글, 천루이추 그림, 김신우 옮김, 시금치, 2020) | 181~182, 184쪽
- 『엄마가 유령이 되었어!』(노부미 글·그림, 이기웅 옮김, 길벗어린이, 2016) | 103쪽

- 『에드워드 툴레인의 신기한 여행』(케이트 디카밀로 글, 배그림 이바툴린 그림, 김경미 옮김, 비룡소, 2009) | 24쪽
- 『여름의 잠수』(사라 스트리츠베리글, 사라 룬드베리 그림, 이유진 옮김, 위고, 2020) | 202~203쪽
- 『여행 가는 날』(서영 글·그림, 위즈덤하우스, 2018) | 68쪽
- 『영원히 사는 법』(콜린 톰슨 글·그림, 이지원 옮김, 논장, 2010) | 45쪽
- 『오래 슬퍼하지 마』(글렌 링트베드 글, 샬로테 파르디 그림, 안미란 옮김, 느림보, 2007) | 35쪽
- 『오소리의 이별 선물』(수잔 발리 글·그림, 신형건 옮김, 보물창고, 2009) | 80쪽
- 『우리 다시 만나요』(샹 미아오 글·그림, 박소연 옮김, 달리, 2020) | 48쪽
- 『우리가 사라지면 어디로 갈까?』(이자벨 미뇨스 마르팅스 글, 마달레나 마또주 그림, 송필환 옮김, 북뱅크, 2019) | 57쪽
- 『이게 정말 천국일까?』(요시타케 신스케 글 그림, 고향옥 옮김, 주니어김영사, 2016) | 107~108쪽
- 『이젠 안녕』(마거릿 와일드 글, 프레야 블랙우드 그림, 천미나 옮김, 책과콩나무, 2010) | 159~160쪽
- 『작은 별』(멤 폭스 글, 프레야 블랙우드 그림, 황연재 옮김, 책빛, 2021) | 58쪽
- 『죽으면 어떻게 돼요?』(페르닐라 스탈펠트 글·그림, 이미옥 옮김, 시금치, 2014) | 34쪽
- 『죽음은 돌아가는 것』(다니카와 슌타로 지음, 가루베 메구미 그림, 최진선 옮김, 너머학교, 2017) | 94~96, 100쪽
- 『쨍아』(천정철 시, 이광익 그림, 창비, 2008) | 57쪽
- 『철사 코끼리』(고정순 글·그림, 만만한책방, 2018) | 156쪽
- 『청소기에 갇힌 파리 한 마리』(멜라니 와트 글·그림, 김선희 옮김, 여유당, 2016) | 138쪽
- 『커다란 질문』(볼프 에를브루흐 글·그림, 김하연 옮김, 베틀북, 2004) | 30쪽
- 『코끼리 똥』(이지연 옮김, 베틀북, 2001) | 47쪽
- 『풍선 사냥꾼』(안니켄 비에르네스 글, 마리 칸스타 욘센 그림, 손화수 옮김, 책빛, 2020) | 83쪽
- 『할머니가 남긴 선물』(론 브룩스 그림, 마거릿 와일드 글, 최순희 옮김, 시공주니어, 1997) | 73~76, 78, 212쪽
- 『할머니는 어디로 갔을까』(아르노 알메라 글, 로뱅 그림, 이충호 옮김, 두레아이들, 2012) | 114쪽
- 『할머니의 팡도르』(안나마리아 고치 글, 비올레타 로피즈 그림, 정원정·무루(박서영)옮김, 오후의소묘, 2019) | 67쪽
- 『할아버지는 바람 속에 있단다』(록산느 마리 갈리에 글, 에릭 퓌바레 그림, 박정연 옮김, 씨드북, 2015) | 81쪽

- 『할아버지의 천사』(유타 바우어 글·그림, 유혜자 옮김, 비룡소, 2014) | 102쪽
- 『행복한 장례식』(맷 제임스 글·그림, 김성희 옮김, 책빛, 2020) | 126쪽
- 『허웅아기』(송재찬 글, 강동훈 그림, 봄봄, 2019) | 115, 215쪽

그 외 단행본

- 『개를 잃다』(엘리 H. 라딩어 지음, 신동화 옮김, 한뼘책방, 2019) | 165쪽
- 『내 슬픔에 답해 주세요』(존 제임스, 러셀 프리드먼 지음, 정미현 옮김, 선안남 감수, 청아출판사, 2015) | 186쪽
- 『라쇼몬』(아쿠타가와 류노스케 단편선, 서은혜 옮김, 민음사, 2014) | 110쪽
- 『사자왕 형제의 모험』(아스트리드 린드그렌 장편동화, 일론 비클란드 그림, 김경희 옮김, 창비, 2015) | 94, 124쪽
- 『수호천사』(로나 번 지음, 류시화 옮김, 이레, 2011) | 103쪽
- 『신이 쉼표를 넣은 곳에 마침표를 찍지 마라』(류시화, 더숲, 2019) | 72쪽
- 『아이와 함께 나누는 죽음에 관한 이야기』(얼 A. 그롤먼 지음, 정경숙·신종섭 옮김, 이너북스, 2008) | 146쪽
- 『우리 앞에 생이 끝나갈 때 꼭 해야 하는 이야기들』((박재영·고주미 옮김, 청년의사, 2016) | 91쪽
- 『의미 수업 - 슬픔을 이기는 여섯 번째 단계』(데이비드 케슬러 지음, 박여진 옮김, 한국경제신문, 2020) | 135쪽
- 『펫로스 - 반려동물의 죽음』(리타 레이놀즈 지음, 조은경 옮김, 책공장더불어, 2009) | 165쪽

■ 참고한 책

- 『동물을 먹는다는 것에 대하여』(조너선 사프란 포어 지음, 송은주 옮김, 민음사, 2011)
- 『사람이 죽지 않으면 어떻게 될까요』(브리지뜨 라베·미셸 퓌엑 글, 자크 아잠 그림, 장석훈 옮김, 소금창고, 2001)
- 『사별을 경험한 아이들과 함께하기』(낸시 보이드 웹 엮음, 차유림 옮김, 나눔의집, 2020)
- 『삶과 죽음에 대한 커다란 책』(실비 보시에 글, 상드라 푸아로 셰리프 그림, 배형은 옮김, 성태용 감수, 톡, 2012)
- 『삶을 선택할 것인가, 죽음을 선택할 것인가』(니키 테이트 지음, 유은실 옮김, 허원북스, 2020)
- 『상실 수업』(엘리자베스 퀴블러 로스·데이비드 케슬러 지음, 김소향 옮김, 인빅투스, 2014)

- 『세상은 묘지 위에 세워져 있다』(이희인 지음, 바다출판사, 2019)
- 『숨결이 바람 될 때』(폴 칼라니티 지음, 이종인 옮김, 흐름출판, 2016)
- 『슬픔과 상실을 겪은 아동 청소년 상담 및 사례』(Jody J. Fiorini · Jodi Ann Mullen 지음, 하정희 옮김, 학지사, 2014)
- 『시와 죽음을 잇다』(다니카와 슌타로·도쿠나가 스스무 지음, 이해란 옮김, 티티, 2018)
- 『아이들에게 설명하는 죽음』(에마뉘엘 위스망 페랭 지음, 김미정 옮김, 동문선, 2005)
- 『알지 못하는 아이의 죽음』(은유 지음, 돌베개, 2019)
- 『어떤 죽음이 삶에게 말했다』(김범석 지음, 흐름출판, 2021)
- 『어떻게 죽을 것인가』(아툴 가완디 지음, 김희정 옮김, 부키, 2015)
- 『열세 살, 죽는다는 건 뭘까?』(김민화 글, 성혜현 그림, 실비아 사진, 스콜라, 2014)
- 『우리는 모두 자살 사별자입니다』(고선규 지음, 창비, 2020)
- 『우리는 자살을 모른다』(임민경 지음, 들녘, 2020)
- 『우리의 죽음이 삶이 되려면』(허대식, 글항아리, 2018)
- 『인생 수업』(엘리자베스 퀴블러 로스·데이비드 케슬러 지음, 류시화 옮김, 이레, 2006)
- 『죽음 교육교본』(임병식·신경원 지음, 가리온, 2017)
- 『죽음, 왜 쉬쉬하지?』(실비 보시에 지음, 베로니크 네스 그림, 고아침 옮김, 개마고원, 2009)
- 『죽음과 교육』(강선보 외 9인 지음, 동문사, 2019)
- 『죽음과 죽어감에 답하다』(엘리자베스 퀴블러 로스 지음, 안진희 옮김, 청미, 2018)
- 『죽음을 배우러 가볼까?』(트레버 로메인 글·그림, 권성애 옮김, 에쎄이출판, 2020)
- 『죽음이란 뭘까?』(이턴 보리처 글, 낸시 포레스트 그림, 부희령 옮김, 애플비, 2006)

■ 죽음에 관해 더 읽어 볼 그림책

- 『63일』(허정윤 글, 고정순 그림, 반달, 2020)
- 『꼬마곰과 달』(매슈 버제스 글, 카티아 친 그림, 김세실 옮김, 봄의정원, 2021)
- 『꽃할배』(윤혜신 글, 김근희 그림, 씨드북, 2016)
- 『나무』(대니 파커 글, 매트 오틀리 그림, 강이경 옮김, 도토리숲, 2014)
- 『나의 엄마』(강경수 지음, 그림책공작소, 2016)
- 『너무 울지 말아라』(우치다 린타로 글, 다카스 가즈미 그림, 유문조 옮김, 한림출판사, 2012)
- 『누가 상상이나 할까요?』(주디스 커 글·그림, 공경희 옮김, 웅진주니어, 2017)
- 『다시 태어난 개 삼사라 이야기』(헬렌 마노스 글, 줄리 비바스 그림, 김선희 옮김,
- 『달을 삼킨 코뿔소』(김세진 글·그림, 모래알, 2017)
- 『바니가 우리에게 해 준 열 가지 좋은 일』(주디스 바이어스트 지음, 에리크 블레그바드 그림, 서애경 옮김, 파랑새어린이, 2003)

- 『별이 된 누나』(박영옥 글, 전주영 그림, 쉼어린이, 2017)
- 『별이 된 큰 곰』(리비 글레슨 글, 아민 그레더 그림, 김연수 옮김, 중앙출판사, 2000)
- 『사탕』(실비아 반 오먼 글·그림, 이한상 옮김, 월천상회, 2018)
- 『살아 있다는 건』(다니카와 슌타로 시, 오카모토 요시로 그림, 권남희 옮김, 비룡소, 2020)
- 『살아 있어』(나카야마 치나츠 글, 사사메야 유키 그림, 엄혜숙 옮김, 보물상자, 2008)
- 『수호의 하얀말』(오츠카 유우조 글, 아카바 수에키치 그림, 이영준 옮김, 한림출판사, 2001)
- 『슬픔을 치료해 주는 비밀 책』(캐린 케이츠 글, 웬디 앤더슨 핼퍼린 그림, 이상희 옮김, 봄봄, 2021)
- 『슬픔이 찾아와도 괜찮아』(에바 엘란트 글·그림, 서남희 옮김, 현암주니어, 2019)
- 『씩씩해요』(전미화 글·그림, 사계절, 2010)
- 『아빠, 잘 있어요?』(하세가와 요시후미 글·그림, 고향옥 옮김, 사계절, 2011)
- 『아빠나무』(김미영 글·그림, 고래뱃속, 2016)
- 『어느 날 아침』(이진희 쓰고 그림, 글로연, 2018)
- 『어느 날 우리는』(안승준·홍나리 그림책, 사계절, 2019)
- 『어젯밤에 누나하고』(예프 애르츠 글, 마리트 퇴른크비스트 그림, 강이경 옮김, 한마당, 2015)
- 『열세살어른이』(어른이, 어른이책공장, 2020)
- 『와글와글 떠들썩한 생태일기』(곤도 구미코 글·그림, 햇살과나무꾼 옮김, 한울림어린이, 2008)
- 『위층 할머니, 아래층 할머니』(토미 드 파올라 글·그림, 이미영 옮김, 비룡소, 2003)
- 『이럴 수 있는 거야??』(페터 쉐소우 글·그림, 한미희 옮김, 비룡소, 2007)
- 『잘 가 안녕』(김동수 그림책, 보림, 2016)
- 『죽음의 춤』(세실리아 루이스 지음, 권예리 옮김, 바다는기다란섬, 2021)
- 『콰앙!』(조원희 글·그림, 시공주니어, 2018)
- 『큰고니의 하늘』(테지마 케이자부로오 글·그림, 엄혜숙 옮김, 창비, 2006)
- 『테우리 할아버지』(현기영 동화, 정용성 그림, 현북스, 2014)
- 『할아버지의 붉은 뺨』(하인츠 야니쉬 글, 알료샤 블라우 그림, 박민수 옮김, 웅진주니어, 2006)
- 『휘파람 할아버지』(울프 스타르크 글, 안나 회그룬드 그림, 최선경 옮김, 비룡소, 2005)
- 『My Dear Dog MOMO』(오나리 유코 지음, 박종진 옮김, 새터, 2002)

그림책으로 배우는 삶과 죽음

죽음을 이해하며 삶을 통찰하는 그림책 읽기

1판 1쇄 발행 2021년 8월 17일
　6쇄 발행 2024년 10월 28일

지은이	임경희
펴낸이	한기호
책임편집	박혜리
편집	서정원, 송원빈, 이선진
본부장	여문주
마케팅	윤병일, 하미영
경영지원	김윤아
디자인	토가 김선태
인쇄	예림인쇄

펴낸곳　(주)학교도서관저널
　　　　　출판등록 제2009-000231호(2009년 10월 15일)
　　　　　주소 04029 서울시 마포구 동교로 12안길 14(서교동) 삼성빌딩 A동 3층
　　　　　전화 02-322-9677 팩스 02-6918-0818
　　　　　전자우편 slj9677@gmail.com
　　　　　홈페이지 www.slj.co.kr

ISBN 978-89-6915-109-4 (03370)

ⓒ 임경희 2021

- 이 책은 저작권법에 따라 보호를 받는 저작물이므로 무단 전재와 무단 복제를 금합니다.
- 책값은 뒤표지에 있습니다.